hanser**blau**

Über dieses Buch:
»Berliner Busfahrer haben sich den weltweiten Respekt, den sie genießen, hart erarbeitet. Sie sind grimmige Helden der Straßen. Vor ihnen wird sogar in Reiseführern gewarnt, was einer Adelung gleichkommt: ›Widersprechen Sie nie einem Busfahrer‹, ›Halten Sie immer Kleingeld bereit‹, ›Fangen Sie niemals Streit mit einem Busfahrer an‹.

Busfahrer sind gleichermaßen gefürchtet und bewundert. Sie haben das Lenkrad fest im Griff, sie machen die Regeln. Sie sind echte Männer.«

Als die Berliner Verkehrsbetriebe nach »älteren Frauen« suchen, die Busfahrerin werden wollen, weiß Susanne Schmidt sofort: Das will ich. Doch die BVG ist schlecht auf ihre erste Frauenklasse eingestellt. Sexistische Fahrlehrer, misstrauische Kollegen, und im Ausbildungsgebäude gibt es keine Damentoiletten.

Warmherzig, humorvoll und bisweilen kritisch erzählt Susanne Schmidt von ihrer Zeit als Busfahrerin und von dem unbeschreiblichen Glück, einen riesigen Doppeldeckerbus durch die engsten Straßen Berlins zu jagen. Ein Buch über die Großstadt und den besten Beruf der Welt.

»Ein ganz wunderbares Buch.«
rbb Kultur »Das Gespräch«

»Das vergnügliche Buch von Susanne Schmidt ist eine scharf beobachtende Studie deutschen Sozialverhaltens.«
Die Zeit

»Susanne Schmidt beschreibt das Sichtbarwerden von älteren Frauen, die sonst nur als Großmutter, betrogene oder verlassene Ehefrau in der Literatur vorkommen. Zur Lektüre in Linienbussen im Stehen, Sitzen oder Liegen vorzüglich geeignet.«
rbb radioeins »Die Literaturagenten«

Susanne Schmidt

Machen Sie mal zügig die Mitteltüren frei

Eine Berliner Busfahrerin erzählt

hanserblau

Ungekürzte Taschenbuchausgabe
1. Auflage 2022

ISBN 978-3-446-27290-3
© 2021 hanserblau in der Carl Hanser Verlag
GmbH & Co. KG, München
Umschlag: ZERO Werbeagentur, München
Motiv: © Shutterstock.com / Ink Drop
Satz im Verlag
Druck und Bindung: GGP Media GmbH, Pößneck
Printed in Germany

Inhalt

1. **Haltestelle**
   »Ja, ich will!« 7
2. **Haltestelle**
   »Mädels, wir machen Männer aus euch!« 19
3. **Haltestelle**
   »Macht euch dick, ihr braucht den Platz!« 43
4. **Haltestelle**
   Wir sind die Königinnen der Straße 69
5. **Haltestelle**
   Mein erstes Mal: Variationen 83
6. **Haltestelle**
   Verfahrene Situationen 103
7. **Haltestelle**
   Wie viel Störung darf's denn heute sein? 119
8. **Haltestelle**
   Ups, da hat's gescheppert: Kratzer, Beulen und Patzer 135
9. **Haltestelle**
   Mehr Charme als Chance 147
10. **Haltestelle**
    Der nächste Bus kommt gleich 157
11. **Haltestelle**
    Nachts sind alle Busse gelb 163
12. **Haltestelle**
    Der Hof – Die Höflichkeit – Das Höfische 171

13. Haltestelle
Mal müssen und können   181
14. Haltestelle – Endstation
Das Fazit   193

Anhang   201

1. Haltestelle

»Ja, ich will!«

Berliner Busfahrer haben sich den weltweiten Respekt, den sie genießen, hart erarbeitet. Sie sind grimmige Helden der Straßen. Vor ihnen wird sogar in Reiseführern gewarnt, was einer Adelung gleichkommt: »Widersprechen Sie nie einem Busfahrer«, »Halten Sie immer Kleingeld bereit«, »Fangen Sie niemals Streit mit einem Busfahrer an«.

Busfahrer sind gleichermaßen gefürchtet und bewundert. Sie haben das Lenkrad fest im Griff, sie machen die Regeln. Sie sind echte Männer.

Dementsprechend groß ist die Überraschung, als plötzlich überall in der Stadt Plakate hängen, auf denen die Berliner Verkehrsbetriebe (BVG) Frauen ansprechen. Auf Bushaltestellendisplays, in Zeitungsannoncen, in der U-Bahn und sogar im Internet sucht die BVG händeringend »ältere Frauen, die Busfahrerinnen werden wollen. Wir bilden Sie aus, wir stellen Sie ein«. Das klingt so kurios, dass selbst die Nachrichten das Thema aufgreifen.

Studien haben längst bewiesen, dass ältere Frauen weniger Unfälle verursachen und mit Stress besser umgehen können als Männer. Außerdem werden sie nur selten schwanger. Das sind alles gute Gründe für die BVG, ihre Türen zu öffnen und diese neue Spezies hineinzubitten in die heiligen Hallen des männerdominierten Verkehrswesens. Schon 2022 will die BVG satte 25 Prozent Frauenanteil vorweisen können und richtet für dieses ambitionierte Ziel erstmalig reine Frauenklassen ein.

Ich bin so eine ältere Frau und finde die Initiative super. Ab sofort fahre ich mit neuen Augen Bus, beobachte die Fahrer, suche das Gespräch, versuche, ihren Berufsalltag zu erkunden. Dieser Job findet vor aller Augen statt, und dennoch wissen wir so gut wie nichts darüber. Wir werden von Busfahrern durch die Stadt kutschiert, sehen sie an Endhaltestellen im Bus sitzen und hoch konzentriert mit Kugelschreibern kleine Zettel beschreiben. Ich habe mich immer gefragt, warum Busfahrer in ihren Pausen ausgerechnet Kreuzworträtsel lösen, statt zum Beispiel ein bisschen Gymnastik zu machen, ein paar Schritte zu laufen oder einen kleinen Flirt zu wagen. Dass meine Assoziation völlig falsch ist, dass diese Busfahrer ganz und gar keine Kreuzworträtsel lösen, werde ich während der Ausbildung lernen.

Meine Neugier äußert sich in einem Mantra von Fragen: Wie viel Spaß macht es, Busfahrer zu sein? Können Sie den Beruf weiterempfehlen? Und was sind das da eigentlich für Knöpfe, auf die Sie gerade drücken?

Die Fahrer antworten mir voller Inbrunst, sie lieben ihren Beruf. Wir führen freundliche Gespräche zwischen zwei Haltestellen. Sie erzählen mir von der großen Zufriedenheit, die ihnen ihre Arbeit verschafft, aber auch vom Kummer, den sie verursacht. Denn der Schichtbetrieb bringt die Liebe auseinander und erlaubt nur wenig echte Freizeit. Das viele Sitzen schadet der Wirbelsäule, der tägliche Stress geht an die Substanz. Ein zuverlässiges Familienleben ist die Ausnahme. Doch ihre Kritik an den schlechten Arbeitsbedingungen fliegt aus dem offenen Fenster hinaus und verschwindet in den Seitenstraßen. Bei manchen Antworten denke ich gar: »Ach, das ist so typisch Busfahrer: jammern und weinen statt handeln und verändern«, und schäme mich später deswegen.

Die Männer sehen gut aus, scheinen mit sich und der Welt im Einklang; selbstsicher hocken sie wie große, satte Bären hinter ihren Lenkrädern und sind ganz Funktion und Wachsamkeit. Manche Busfahrer wirken eher wie hungrige Grizzlys auf der Suche nach dem nächsten Rivalen. Sie lassen ihre Aggressionen ungeschminkt raus, brüllen, knurren, schnaufen, schaufeln mit großen Händen, drehen weite Runden und haben vor nichts und niemandem Angst. Andere erinnern mich an Pandabären. Sie schaukeln ihre dicken Bäuche gemütlich durch den Tag, nichts bringt sie aus der Ruhe, alles prallt an ihrem dicken Fell ab, aus ihren Gesichtern blinzeln kleine Augen, die alles sehen, aber nichts zeigen. Ein Berliner Busfahrer nimmt Ärger nicht mit nach Hause, was ihm nicht passt, regelt er sofort. Und er ist immer ein Gewinner, denn nur er fährt den Bus.

Der öffentliche Personennahverkehr (ÖPNV) ist das Herz der Stadt. Die Wege sind weit in Berlin, zwischen Wohnung und Arbeitsstelle liegen schnell 15 Kilometer und mehr. Aber auch im sonstigen Alltag ist man dankbar und froh über motorisierte Fortbewegungsmittel, die keine ermüdende, oft erfolglose Parkplatzsuche erfordern. Auf allen Wegen, zur Kita, zu Behörden, zum Einkauf, zur Freizeitvergnügung, zum Sport und selbst zum Rendezvous steigt man einfach ein und aus und braucht sich um nichts zu kümmern. Man erspart sich den direkten Kampf im Straßenverkehr, wo bekanntlich das Recht des Stärkeren, des Frecheren, des Rücksichtsloseren herrscht und es zu oft Situationen gibt, die den Puls hochtreiben.

An der immer nahe gelegenen Bushaltestelle dagegen sind Gleichmut und Geduld gefordert. Das Warten auf den fast schon planmäßig verspäteten Bus übt den seltenen Luxus der sinnvollen Langeweile. Teure Kurse in Achtsamkeit und Entschleunigung bekommt man im ÖPNV als Zugabe kostenfrei geliefert. Hier kostet das Ticket für alle das Gleiche. Hier ist jeder einfach Mensch, ungeachtet der persönlichen Hintergründe. Arm und Reich sitzen auf demselben Plastik, Alt und Jung teilen sich dieselbe Haltestange. Menschen, die zur nächsten Party fahren, stehen neben Menschen, die von der Arbeit kommen.

Rund um die Uhr schlägt hier der Puls des Lebens. Nirgendwo in der Stadt ist das unmittelbare Miteinander dichter, direkter, bunter und echter. Und während man in der U- und S-Bahn gerne für die Dauer einer Fahrt abschaltet, Kopfhörer einstöpselt, ein Buch liest, Abstand wahrt, erlebt man im Bus alles mit. Es gibt keine Straßenmusiker, keine Zeitungsverkäuferinnen, nichts lenkt ab von der Nachbarschaft, kein Klatsch und Tratsch geht verloren im Quietschen der Schienen. Die Wege zwischen den Stationen sind kurz genug, um einfach aussteigen zu können, wenn es einem zu viel wird, und lang genug, um zwischen Anfang und Ende der Reise ganze Dramen zu beobachten. Der Platz ist eng, man fühlt die Sitznachbarn nicht nur, auch Gerüche und selbst Stimmungen teilen sich ungefragt mit. Blickkontakt ist hier wichtig, eine unbenannte Solidarität entsteht und vergeht.

Im Bus ist die namenlose Gemeinschaft unter Unbekannten das Netz, das alle sicher ankommen lässt. Traurige bekommen einen gut gemeinten Satz mit, allzu Muntere einen Dämpfer. Tüten und Taschen werden sortiert, Füße in Sicherheit gebracht, schreienden Kindern werden Bonbons gereicht oder Lieder vorgesungen. Freude und Stress werden ungefragt mitgeteilt. Im Bus redet man gerne laut, die anderen können ruhig hören, was einen bewegt. Die Anonymität der Großstadt funktioniert hier unter anderen Regeln, niemand kennt sich, es gibt keine weiterführende Verpflichtung zueinander, und gerade dadurch verliert man die übliche Scheu. Man schaukelt zusammen im Rhythmus, den der Straßenverkehr vorgibt, und taucht ein in den Mikrokosmos des jeweiligen Linienbusses.

Ungedämpft bekommen die Fahrgäste jedes Schlagloch und jedes Bremsmanöver zu spüren und leiten sie an ihre Nachbarn weiter. Nur wenn Stau ist, ist Stau. Daran kann auch der Busfahrer nichts ändern. In manchen Fällen hat dann der Bus die Chance, weiterzufahren. Auf der Busspur am stehenden Verkehr vorbeizurauschen sorgt für ein heimliches Glücksgefühl. Nie wird es langweilig, aus dem Busfenster auf die Autofahrer hinabzublicken. Ein Bus hat im Straßenverkehr für gewöhnlich die meisten PS.

Der Beruf scheint wirklich nur Vorteile zu haben, und ich bin eindeutig eine Frau – also ab mit der Bewerbung in den nächsten Briefkasten und Luft anhalten.

Wenige Monate später schiebt die Briefträgerin einen dicken Umschlag durch den Türschlitz meiner Wohnung: Meine Bewerbung wird angenommen, Termine zur ärztlichen Untersuchung und zum Vorstellungsgespräch liegen bei.

Ich muss mich erst mal setzen. Plötzlich ist es vorbei mit der lässigen Neugier. Atemlos halte ich die Eintrittskarte in ein großes, gelbes Abenteuer in den Händen. Vor mir liegt ein neuer Beruf, eine bisher ungedachte Perspektive.

Prüfend schaue ich in den Spiegel – sieht so eine künftige Busfahrerin aus? Kann ich überhaupt anständig meckern und den heiligen Satz »Machen Sie mal zügig die Mitteltüren frei« streng genug aussprechen?

Statt autoritär und angsteinflößend klinge ich melodisch und brav, immer rutscht mir ein »bitte« zwischen die Aufforderung. Meine Augen leuchten vor Aufregung, der Mund lächelt sogar. Na, wenigstens sind die Haare grau, das wird schon werden, mache ich mir selber Mut und stolpere die Treppen hoch zum Betriebsarzt.

Der erste Schritt in die Verkehrsakademie eröffnet mir eine großartige Welt. Das Gebäude ist so schön, ich finde alles spannend und bin damit nicht allein: Es sitzen schon einige Frauen im Wartebereich und versuchen, ihre Nervosität in den Griff zu bekommen.

Wir werden in einen Unterrichtsraum geführt. Hier wird unser Schulwissen geprüft. Wir sitzen still und hoch konzentriert vor Fragen der Grundrechenarten und beweisen, dass Teilen, Malnehmen, Abziehen und Zusammenrechnen keine Unbekannten für uns sind. Es folgt ein Test, der unterschiedliche Situationen vorgibt und jeweils mehrere Antworten zur Auswahl stellt. So steigen zum Beispiel Menschen mit offenen Bierflaschen in den Bus, oder jemand drückt den Halteknopf und moniert, dass diese Handlung für die Fahrgäste um ihn herum kein deutliches Zeichen ist, Platz zu machen. Jeder könnte schließlich sehen, dass er aussteigen wolle.

Die Antwortmöglichkeiten variieren von Provokation bis Deeskalation. Zum Schluss bekommen wir einen kurzen Aufsatz zu lesen. Innerhalb einer großzügig bemessenen Zeit sollen wir den Inhalt des Textes erfassen und danach in eigenen Worten wiedergeben. Besonders wichtig ist hier, keine Nacherzählung zu verfassen, sondern nur zu schildern, was im Aufsatz passiert.

Die Auswertung dieser Prüfung erfolgt unverzüglich. Alle, die bestanden haben, werden gebeten, im Flur auf das gleich folgende Vorstellungsgespräch zu warten.

Mein Name wird aufgerufen. Ich sitze an einem langen Tisch und blicke in eine ganze Reihe abschätzender Augen. Um keine Gemütlichkeit aufkommen zu lassen, sind die Rollen klar verteilt. Neben den vielen Repräsentanten der BVG sitzt mir auch die Frauenbeauftragte gegenüber, und alle stellen Fragen. Ich bin so sicher, nicht genommen zu werden, dass meine Antworten spontan und locker über die breite Tischplatte segeln. Der Chef fragt zum Schluss nach meinen Hobbys. Hobbys hab ich nicht – aber ich unternehme an den Wochenenden regelmäßig Fahrradtouren in Brandenburg und erzähle von den Schönheiten der stillen, weiten Natur. Schnell schwärmen wir gemeinsam von herrlich vertrödelten Stunden an einsamen Seen und tauschen Tipps aus, wo es gute Fahrradwege gibt und trotzdem wenig Leute.

Danach begleitet mich der Chef hinaus, nimmt mich im Flur väterlich in den Arm und sagt, damit hätte ich sie alle überzeugt.

Noch am gleichen Tag klingelt das Telefon, und nun ist es amtlich: Ja, ich werde Busfahrerin!

Den Termin zur Vertragsunterzeichnung male ich mir blau in den Kalender. Wir Frauen treffen nach und nach in der BVG-Hauptverwaltung ein. Es ist ein beeindruckendes Hochhaus mit dreizehn Stockwerken und dementsprechend vielen Kilometern Flur. Alles in dezenten Tönen gehalten. Schmutzabweisend. Wir bekommen Etagen zugewiesen, improvisierte Sitzecken. Uns einen erst mal nur drei Dinge: Wir sind Frauen, Berlinerinnen und fest entschlossen.

Statt der erwarteten Feierlichkeit – schließlich unterzeichnen wir hier den Eintritt in einen neuen Lebensabschnitt und sind gleichzeitig die diesjährigen Protagonistinnen eines wagemutigen BVG-Experiments – sind Aufzüge und Flure erfüllt von Hektik. Das Haus scheint nicht auf uns vorbereitet zu sein. Es gibt nicht genug Platz, wir ernten seltsame Blicke. Ich bilde mir ein, hinter hastig verschlossenen Türen die Stimmen der Zweifler zu hören: Vielleicht ist das Experiment einfach zu gewagt? Können Frauen das Busfahren genauso lernen wie Männer? Sind diese rätselhaften Geschöpfe der Natur wirklich in der Lage, Pedale zu treten, Lenkräder zu bewegen, eine Straße zu überblicken?

Alle Zimmer sind voll belegt. (Womit wohl? Ich stelle mir Kuchenorgien vor, Angestellte, die juchzend auf Tischen tanzen, alkoholfreie Champagnerbrunnen, Knutschereien unter psychedelisch gemusterten Schreibtischen, Männer, die mit kleinen Eisenbahnen spielen.) Wegen des Platzmangels hat die BVG-Verwaltung unsere Tische einfach auf die Flure gestellt. Den Eintritt in den Öffentlichen Dienst hatte ich mir anders vorgestellt. Doch viel Zeit zum Nachdenken bleibt nicht – schon werden wir aufgerufen, eilen an unsere Plätze. Ich beginne, den vielseitigen Vertrag sorgfältig durchzulesen. Damit hat hier niemand gerechnet. Weil bald Mittagspause ist und die Ersten schon ungeduldig warten, vertraue ich schließlich dem geschriebenen Wort und setze meine Unterschrift sorgfältig und innerlich singend auf die vorgeschriebene Linie. Als Belohnung bekomme ich ein gelbes Ansteckherz. Der Werbeslogan der BVG lautet »Weil wir Dich lieben«, und das kleine Herz scheint mir wie ein schönes Versprechen dieser Liebe. Ich packe es sorgfältig in meine Tasche und hole tief Luft. Dann trage ich meine Zukunft zum Treppenhaus, hüpfe die Stufen hinunter und rufe ein lautes »Juhu« in den riesigen Bau.

Was ist das A und O einer zukünftigen Busfahrerin? Richtig geraten, meine Damen: die Bekleidung. Vom ersten Ausbildungstag an unterstützt die korrekte Berufsbekleidung das Wollen und Werden. Und so führen die ersten Schritte uns circa vierzig Frauen nicht etwa in die Schulungsräume oder gar in die Fahrschule, sondern ins Modeinstitut Berlin. Ich habe einen leeren Rollkoffer dabei und ertrage den Spott meiner Mitstreiterinnen mit einem stillen Lächeln.

Es ist ein schwüler Frühsommertag mit Temperaturen um die dreißig Grad. Die Anprobe der Winterhosen, langen Hemden und dicken Jacken ist so schweißtreibend wie wunderbar. Mit jedem weiteren Kleidungsstück verwandele ich mich ein kleines bisschen mehr von einer eher schön eigenwillig aussehenden Frau in ein adrett gekleidetes, respektables Mitglied der BVG. Ich mag die Schnitte, Stoffe, Farben. Nur den Rock lehne ich ab, denn ich stelle es mir unangenehm vor, mit knielangem Rock hinterm Steuer zu sitzen und meine Beine allen Blicken ausgesetzt zu wissen.

Die Farben der BVG sind Blau, Gelb und Weiß, und so sind auch die Jacken, Hosen, Hemden, Westen, Tücher, Winterjacken, Schals, Pullover, Handschuhe, Röcke, Strickjacken, Blazer, Caps. Jede Frau bekommt über dreißig Kleidungsstücke. Am Morgen haben mich die anderen noch für meinen leeren Rollkoffer aufgezogen, jetzt werfen sie ihm sehnsüchtige Blicke zu. Der Koffer geht gerade noch zu. Zu Hause blättere ich lange in Möbelkatalogen, denn mein Kleiderschrank ist nicht groß genug.

Meine Freunde, Verwandten und Bekannten sind fast noch neugieriger auf meinen Beruf als ich. Besonders spannend ist das offene Leid der Männer. Es stellt sich heraus, dass praktisch jeder Mann in meinem Umfeld den geheimen Wunsch hegt, den großen Führerschein zu machen, und jetzt neidisch ist, dass mir dieser Wunsch erfüllt wird.

Sie schauen mich mit traurigen Blicken an. »Busfahrer war immer mein Traumberuf, schon als kleiner Junge wollte ich Busfahrer werden. Und jetzt wirst du das? Einfach so?«

Dass dazu eine große Bereitschaft nötig ist, dass ich Wochen und Monate die Schulbank drücken muss, für Prüfungen lerne und aus der eigenen Bequemlichkeit aussteige, ist nebensächlich. Sie sitzen mir gegenüber, schlürfen dramatisch seufzend Wein und erklären mir die Ungerechtigkeit der Welt. Ich bekomme Angebote, mir beim Lernen zu helfen, mich abzufragen, meine technischen Lücken zu füllen: »Ruf mich einfach an, wenn du was nicht verstehst.« Und falls sie selbst irgendwas noch nicht wüssten, könnten wir dann halt gemeinsam auf meinem Balkon in den neuen Lehrbüchern lesen und sie würden es mir dann mit eigenen Worten erklären. So könnte ich den Stoff besser verstehen und schneller im Gedächtnis behalten: »Da hat sich so viel verändert in den letzten dreißig Jahren«, schwärmen sie und halten Vorträge über Schmieröle, Bremsbeläge, Reifenmaterialien. Ich nicke verständnisvoll und verspreche, in engem Austausch zu bleiben. Ihre Ausreden, warum sie nicht einfach in die Fahrschule gehen und sich selbst für den Führerschein anmelden, sind weitschweifig und kompliziert.

Die Frauen in meinem Freundinnen- und Bekanntenkreis reagieren ganz anders. Sie sind bass erstaunt über meine Entscheidung. Sie sorgen sich um mich und versuchen, mir die immense Kraft vor Augen zu führen, der es bedarf, um in einem solchen Männerbetrieb Fuß zu fassen.

»Du hast dann Schichtdienst, wie willst du das schaffen?«

»Schichtdienst macht bestimmt Spaß«, antworte ich. »Diese Abwechslung finde ich gerade spannend! Das macht die Arbeit doch so schön, dass ich auch mal nachts fahren werde und am Wochenende. Das wird nie langweilig.«

Sie schwanken kurz, das Argument gefällt ihnen. Doch dann sagen sie wieder: »Aber das ist die BVG, die B – V – G! Wir wissen doch, was das für ein verstaubter Verein ist. Und das sind alles Männer! Da hat sich nichts verändert in den letzten 30 Jahren, du passt da doch gar nicht rein.« Sie sind sich einig und schütteln die Köpfe über meine Zukunftspläne. »Wie willst du das überleben?«, fragen sie ernst und besorgt. Sie kennen meine Verletzlichkeit, sie wissen, was mir nicht guttut. Aber sie kennen ebenfalls die große Abenteuerlust, die mich durchs Leben treibt und Türen öffnen lässt, die andere lieber fest verschlossen halten. Sie wissen, dass ich mutig bin, zäh, wissbegierig, dass unbekannte Arbeitswelten mich ähnlich faszinieren wie Literatur, Filme, Theaterstücke, Kunst. Uns verbindet die Liebe zur Großstadt mit all ihren Facetten. Wir lachen über unsere Fantastereien, was ich alles erleben werde, wer in meinen Bus einsteigen, was mir unterwegs begegnen wird.

Über eine Sache sind wir uns einig: Wie toll, dass endlich mal das

Alter und die Erfahrung gesucht werden! Niemals hätten wir gedacht, dass ausgerechnet die BVG so modern voranschreitet.

Am Ende stellen sie alle die gleiche Frage: »Willst du wirklich Busfahrerin werden?«

Und meine Antwort ist jedes Mal: »Ja, ich will!«

2. Haltestelle

»Mädels, wir machen Männer aus euch!«

Am frühen Morgen des ersten Arbeitstages stehe ich erst lange vor dem Spiegel, dann noch länger vor der Wohnungstür. Die Wirkung meiner Arbeitskleidung ist verblüffend. Bisher war das Abenteuer BVG mein ganz privates Zukunftsprojekt. Aber nun kann alle Welt sehen, was ich werden will, mit dem Anziehen der grauen Hose, des weißen Hemds, der dunkelblauen Jacke verschwindet mein Individualismus, mein Ich-Sein. Ich muss mich meinen Mitmenschen offenbaren, es gibt jetzt nur alles zeigen oder nichts werden.

Ganz leise öffne ich die Wohnungstür, schleiche die Treppen auf Zehenspitzen hinunter, hoffe, dass die Nachbarn in meiner kleinen Straße noch schlafen, und eile so unauffällig wie möglich zur U-Bahn.

Den Kopf gesenkt, die Augen auf den Dreck am Boden gerichtet, quetsche ich mich in den vollen Waggon und fühle mich so nackt wie nie.

Doch dann plötzlich eine Bewegung, die Leute in der U-Bahn rücken zusammen, machen mir Platz! Als ich mich mit einem schüchternen Nicken bedanke, sehe ich in freundliche Gesichter! Manche lächeln sogar kurz. Die BVG-Klamotten, die mich so verunsichern, lösen bei anderen das genaue Gegenteil aus. Und schon nimmt mich ein älteres Ehepaar in Anspruch: »Guckense mal da, dit muss doch nich' sein«, sagen sie und zeigen auf ein paar Schülerinnen, die sich mit ein bisschen Musik in dezenter Lautstärke das Morgengrauen vertreiben. »Könnense da nich' was machen? Ob die überhaupt 'n Fahrschein haben, weeß man och nich', wissense. Wir haben jedenfalls einen. Wollense den mal sehen? Billig war der nich', warum ist der eijentlich so teuer, Sie können uns das ruhich verraten, wir sagens auch nich' weiter.«

Diese Situation ist so fremd, ich möchte die Hände tief in die Hosentaschen versenken, die Schultern hochziehen und ein bisschen unsichtbar werden. Dumm nur, dass ich die zugenähten Taschen noch nicht aufgetrennt habe. An der nächsten Station steige ich spontan aus, um durchzuatmen. »Hilft ja alles nichts«, spreche ich mir Mut zu, hole tief Luft, strecke mich und steige dann in die nächste U-Bahn einfach so ein, als hätte ich mein liebstes Sommerkleid an. Ein paar Leute springen schnell aus den sich schließenden Türen – sie haben mein Blau verwechselt mit der Kleidung der Fahrkartenkontrolleure. Das ist lustig! Alle reden immer von der Wirkung der richtigen Kleidung im richtigen Moment, aber so deutlich wie hier zeigt sich die Wahrheit dieser Aussage nur selten.

Etwas später als geplant, aber immer noch zu früh, schreite ich die Auffahrt zur Verkehrsakademie hoch und bleibe vor der geschlossenen Tür stehen. Die Pförtnerloge ist voll besetzt. Ich stelle mich direkt vor das Fenster und weise auf das BVG-Logo an meiner Jacke. »Guten Morgen, ich komm jetzt öfters«, sage ich voller Elan. »Das kann ja jeder behaupten«, brummt es mir entgegen, und alle drei Pförtner nicken. »Name?«, fragt einer in unnachahmlicher Berliner Art. »Hab ich.« – »Und wie heißt der?« – »Da muss ich nachdenken.« So geht es noch ein Weilchen hin und her. Dann haben sie mich in der Liste gefunden, abgehakt und auf den Türöffner gedrückt. Das altehrwürdige Gebäude summt vor Aufregung. Vor den Türen zur Akademie stehen jede Menge Busfahrer und tun so, als ob sie immer da stünden. Mehr oder weniger diskret begutachten sie jede Frau und tuscheln. Ein paar ganz Mutige fragen die Frauen ihrer Wahl nach Feuer und bieten großzügig Zigaretten an. Schnelle Blicke werden hin und her geworfen, es wird erwartungsvoll gekichert.

Stufe für Stufe erklimme ich feierlich die Holztreppe in den ersten Stock. An den Wänden bezeugen große Gemälde den Werdegang des öffentlichen Verkehrswesen. Die ersten Wagen wurden von Pferden gezogen. Die aktuellsten Modelle werden demnächst von mir gelenkt.

Der Unterrichtsraum ist groß, mit einer Fensterfront an jeder Seite. Ich setze mich an einen Tisch, von dem aus ich sowohl die Tafel gut sehe als auch die Blicke aus dem Fenster schweifen lassen kann. Wir sind aufgeregt. Manche der Frauen kennen sich schon länger und sitzen zusammen, andere laufen geschäftig hin und her, auf der Suche nach möglichen Allianzen und Freundschaften.

Und dann rauscht der Leiter der Verkehrsakademie rein, im Schlepptau unsere zukünftigen Ausbilder und die Sekretärin.

Er begrüßt uns mit einem knappen »Guten Morgen, meine Damen. Da wären wir also«, fühlt sich sichtlich unwohl in seiner Rolle. Die jahrelang vor hunderten von jungen Männern geübten Begrüßungsfloskeln passen hier nicht, das ist ihm klar, und dafür mag ich ihn. Er kennt sich einfach nicht aus mit so viel Weiblichkeit in einem Zimmer, weiß kaum, wohin mit seinen Augen, wischt sich immer wieder die Hände am Sakko ab. Ich hatte mich auf eine kleine Rede gefreut, auf ein paar besondere Begrüßungsworte, auf eine ausgesprochene Anerkennung unseres Mutes und der ungewöhnlichen Situation. Stattdessen flüchtet er sich in väterlich strenge Floskeln: »Und damit wir uns gleich richtig verstehen: Ich erwarte fleißiges Lernen und stete Beachtung der Hausregeln. Wem das nicht passt, der ist hier nicht richtig. Ich glaube, wir kommen alle gut miteinander aus, wenn ihr das beachtet.« Deutlich überfordert gibt er an die Ausbilder ab, während die Sekretärin noch schnell die Ausleiheformalitäten der Unterrichtsbücher und die Handhabung mit Krankschreibungen und sonstigen Fehlzeiten erklärt. Dann atmet er auf und verlässt eilig den Raum.

Wir sitzen weiterhin brav und ruhig auf unseren Stühlen. Der erste Ausbilder, Herr M., stützt sich schwer auf den mächtigen Lehrertisch, der ihn vor uns beschützt, und schaut wütend in die Runde. »Guten Tag also«, beginnt er und lässt ein paar Sekunden verstreichen. »Ihr glaubt wohl, nur weil ihr Frauen seid, kommt ihr her und schnappt uns unsere Jobs weg«, schnauft er. »Aber«, fährt er fort, und dieses »aber« ist sehr lang gezogen, »aber da habt ihr euch geschnitten!«

Ich bin begeistert. Mit so viel Offenheit hatte ich nicht im Traum gerechnet. »Das kann ja lustig werden«, denke ich und will mich schon melden, um zu versprechen, dass wir das nun wirklich nicht planen. Doch da hat er sich längst umgedreht und mit dem Unterricht begonnen. Wir sind die Schülerinnen und er ist unser Meister. Nun wissen wir das auch.

In der Pause suche ich die Solidarität der anderen, um gemeinsam über die Darbietung der Ausbilder lachen zu können. Doch diejenigen, die ich darauf anspreche, wiegeln ab, nehmen die Männer in Schutz und mir den Wind aus den Segeln. Wir sind ja auch zum Lernen hier, denke ich. Fortan sitze ich hoch konzentriert an meinem Platz, mache Notizen, stelle Fragen zu technischen Themen, lache mit meinen Tischnachbarinnen und habe zu Hause immer was zu erzählen.

Hinter mir sitzt Bibi. Sie hat die letzten zwanzig Jahre im gut gehenden Geschäft ihres Mannes gearbeitet – ohne Vertrag, »war ja alles Familie« – und sucht jetzt, nach einer ungerechten Trennung, eine Perspektive, etwas Solides. Bibi hat viel gearbeitet, zwei

Kinder, aber nie eine weiterführende Schulbank gedrückt. Ihr fällt es schwer, wie vielen anderen Frauen auch, jetzt dem Unterricht zu folgen. Zumal der Unterricht keine Rücksicht darauf nimmt, dass die meisten Schülerinnen morgens schon Kinder versorgt haben und abends sehnsüchtig zur Hausarbeit, zum Kartoffelschälen und Essenkochen, zum Trösten und Knuddeln erwartet werden.

Das Lernen müssen wir neu lernen. Nach Jahrzehnten plötzlich wieder in einer Schulklasse zu sitzen, still sein zu müssen, sich Notizen zu machen, dem Unterricht zu folgen und die Inhalte zu verstehen oder mindestens bis zur Prüfung im Kopf zu behalten, ist eine Herausforderung, die viel zu oft als selbstverständlich vorausgesetzt wird. »Pssst, psst – was hat er gesagt? Hast du das kapiert?«, fragt Bibi mich alle paar Minuten im Flüsterton, und wenn ich mich nicht umdrehe, zupft und piekst sie an meinem Kragen: »Sag doch mal, was er meint, wie heißt dieses Wort, was bedeutet das? Kannst du es mir aufschreiben?« Alles ganz unauffällig natürlich. »Auf welcher Seite sind wir eigentlich? Psst, sag mal schnell, Seite siebenunddreißig?« Wir sind auf Seite zwölf, und ich muss schon wieder lachen, denn jetzt hat Bibi mir einen kleinen Zettel zugeworfen. »Hi Süße, was ist diese Kinematische Kette? Sag's mir schnell, dann schenk ich dir eine Flasche Dosenbier.« Dazu hat sie kleine Herzchen und ein lachendes Gesicht gemalt. Dieses Gespräch ist genauso schön wie früher in der Schule, vor über vierzig Jahren.

Neben mir sitzt Katja. Sie hat vor Jahren die Verantwortung für einen kleinen vernachlässigten Jungen übernommen. Auch sie ist voller Hoffnung auf eine krisensichere Zukunft. Katja ist in Ostdeutschland aufgewachsen, wie viele andere in der Klasse auch. In der DDR war Gleichberechtigung zwischen Mann und Frau ein bisschen weiter gediehen als im Westen: Frauen mit Babys gingen genauso selbstverständlich Vollzeit arbeiten wie Männer ohne Babys.

In der Kantine suche ich Anschluss. Hier zelebrieren zu jeder Tageszeit Busfahrer ihre Pause. Es gibt Eisbein mit Sauerkraut, Bratwurst mit Pommes, Kartoffelsalat mit Kotelett. Dicke Sahnesoßen verbinden sich mit Bratkartoffeln, Kartoffelpüree, Kroketten. In einer trüben Ecke steht ein sogenanntes Salatbuffet mit Mais, dünnen Gurkenscheiben, Tomatenstücken. Die Busfahrer lieben ihre Kantine. Ob diese Teller voller Fleisch, Fett und Sättigungsbeilagen eine Entschädigung, eine Belohnung, eine Bestätigung gar sind für die vielen unsichtbaren Stunden hinterm Steuer, für die endlosen Kilometer, die sie sich durch den Straßenverkehr quälen? Am Tresen gibt es Süßigkeiten und Schokoladenriegel zu verbilligten Preisen, und wer genau hinguckt, entdeckt auch die Obst-Etagere: Ein paar Bananen und Äpfel liegen da gemütlich schlafend und erschrecken leise, wenn ihre Namen doch mal ausgesprochen werden.

Jede Frau ist hier willkommen, besonders, wenn sie auch gern deftig isst und schön zuhört. Die Gespräche drehen sich um die Eigenarten der Ausbilder, um die Besonderheiten der Unterrichtseinheiten und die Prüfungen. Die Männer beruhigen: »Zerbrich dir da mal deinen schönen Kopf nich, Mädel, das Vierkreisschutzventil ist doch ganz einfach. Das kapierst du schon noch.« – »Ihr habt den Meier? Den hatte ich auch, der ist streng. Der versteht keinen Spaß. Ich weiß noch, wie der uns damals getriezt hat mit seinen stundenlangen Vorträgen. Der Benno ist sogar mal eingeschlafen bei dem. Da war was los!« – »Aber gerecht ist der Meier. Der ist voll anständig. Ihr dürft den bloß nicht ärgern, immer brav sein, falls ihr das könnt. Und keine schöne Augen machen, der ist verheiratet.« – »Du auch, Mann. Hast du deinen Ehering heute früh wieder ins Portemonnaie gepackt?«

Keine von uns Frauen sucht Freundschaften, dafür ist die Ausbildung zu kurz und unser Leben schon zu lang. Doch nach und nach kommen wir uns etwas näher. Einige Kolleginnen haben nach der

Schule keine Ausbildung gemacht. Sie hatten Gelegenheitsjobs, Ehen, Scheidungen. Sie wurden schwanger, kümmerten sich um Kinder, um die alten Eltern, die jungen Geschwister, ums Geld, um die Liebe und fanden zwischen den täglichen Pflichten keinen Platz, keine Zeit für sich selbst. Die wenigen stillen Momente voller Gedanken an die eigene Zukunft brachten immer die gleiche Formel: »Wird schon werden, irgendwie. Das Leben geht immer weiter, das steht fest.«

Für manche Frauen ist »Busfahren« ihr Traumberuf, es war nur nie genug Geld auf der hohen Kante, um sich die Erfüllung leisten zu können. Andere haben eine gute Ausbildung, entweder Kinder, die aus dem Gröbsten raus sind, oder eine Familie, die sie mit dem Busfahren unterstützen. Diese Frauen wollen mehr, sie stellen sich der Herausforderung, in unsicheren Zeiten noch einmal von vorn anzufangen. Und dann gibt es die besonderen Frauen. Sie kennen einen Vorgesetzten, Ausbilder oder Busfahrer und erwarten sich davon persönliche Vorteile. Sie haben jemanden in der Verwandtschaft, der bei der BVG beschäftigt ist, und fühlen sich auserwählt. Bei jeder Gelegenheit erzählen sie davon und weben geschickt in die Unterhaltungen ein, dass sie einfach besser Bescheid wissen als wir anderen.

Insgesamt sind wir also eine ganz durchschnittliche Gruppe, die Jüngsten Anfang dreißig, die Ältesten über fünfzig, stolz, stark, voller Lebenslust und Erfahrungen. Alle eint die Hoffnung auf einen fairen, sicheren Platz im Arbeitsleben bis zur Rente. Unsere Vorstellungen von unserem Beruf sind ähnlich: trotz der Routine ein abwechslungsreicher Alltag, zuverlässiger Lohn, angemessene Zustände.

Die BVG zahlt uns vom ersten Ausbildungstag an ein monatliches Gehalt. Nur so ist es überhaupt möglich, mitten im Leben den Beruf zu wechseln, eine neue Erwerbstätigkeit zu erlernen. »So viel hab ich noch nie verdient«, erzählt Anne voller Stolz. »Mein Vater hat schon Pläne gemacht, wie ich mir bald ein Häuschen kaufen kann.« (So viel Gehalt bekommen wir während der Ausbildung dann auch wieder nicht, mehr als das Existenzminimum zwar schon, aber nicht sehr viel mehr.) Anne hat direkt nach der Schule eine Arbeit im Verkauf begonnen und die letzten fünfundzwanzig Jahre täglich acht Stunden hinter der Kasse gestanden.

Den einen liegt die Technik mehr, den anderen das Fahren. Und wie überall gibt es ein paar, die sich unfassbar gerne über die vermeintlichen Fehler oder das Unwissen der anderen lustig machen. Jeder Unterrichtstag bringt neue zwischenmenschliche Reibungen. Ich verstehe vor allem die Konkurrenz nicht, die einige Frauen untereinander verspüren.

Es ist ein besonders heißer Sommer, im Unterrichtsraum herrschen Temperaturen über dreißig Grad. Aber Ordnung muss sein: Morgens werden Kleidung und Schuhe der Schülerinnen unauffällig kontrolliert. Monika wird mehrfach streng ermahnt, weil sie helle Sandalen trägt. Maria wird schließlich angedroht, sie vom Unterricht auszuschließen. Ihre Schuhe sind nicht nur hell, sondern haben auch einen Absatz. Das ist zu viel, das geht zu weit. Der Chef wird aus seinem Büro geholt, damit er uns die Leviten liest. »Mit hellem Schuhwerk wird man nämlich kein Busfahrer, meine Damen! Wie oft müssen wir Ihnen das noch vorbeten?« Die korrekte Arbeitskleidung ist unbedingt einzuhalten, ganz egal, wie heiß es ist, ganz egal, dass uns in der Verkehrsakademie niemand sieht. Selbst ein Hochkrempeln der langen Hosen ist nicht erlaubt. »Nur weil ihr Frauen seid, gelten für euch nicht andere Regeln. Wir Männer schwitzen genauso, und – tragen wir deswegen etwa Pumps?«

Dieser Starrsinn ist genauso irrwitzig wie altmodisch. Was in der Öffentlichkeit durchaus Sinn machen kann, ist hinter den geschlossenen Toren der Verkehrsakademie seltsam. In der großen Hitze sitzen wir ordentlich angezogen mit langen Hosen und dunklem, festem Schuhwerk, die hellen Hemden anständig in die Hosen gesteckt, alle Knöpfe sittsam geschlossen.

Nur so nämlich lernen wir gut.

Nachmittags wird der Unterricht einige Male früher beendet, weil die Sonne unsere Räume so aufheizt, dass jeder Atemzug eine glühende Reise ist. Eine schlichte Lockerung der Kleiderordnung aber wird einer Revolution gleichgesetzt. »Wo kommen wir da hin, wenn hier jeder macht, was er will? Es gibt Regeln, die Sie zu befolgen haben. Sie sind jetzt ein Teil der BVG.« Es fehlt nur das »Basta!«.

Der nächste Ausbilder beginnt seinen Unterricht ebenfalls mit einem Vortrag über Kleidung. Er erklärt, dass er Kopftücher duldet. »Wer hier ein Kopftuch tragen will, kann das machen. Dagegen hat hier keiner was, es gibt ja Frauen, die tragen ein Kopftuch, weil sie auf dem Bauernhof aufgewachsen sind. Und es gibt auch Frauen, die tragen ein Kopftuch aus anderen Gründen. Aber Basecaps werde ich in meinem Unterricht nicht dulden! Basecaps müsst ihr absetzen in den Räumen.«

Außerdem ist er gut auf seine Schülerinnen vorbereitet: »Ihr braucht Textmarker für eure Notizen. Ich gehe davon aus, dass die alle in Pink sind, und das ist dann auch o.k. so. Wenn ihr unbedingt alles in Pink haben wollt, ist das kein Problem.« Er ist begeistert von seiner weltmännischen Großzügigkeit. Bisher hatte ich keinen Gedanken an die Farbe meines Textmarkers verschwendet, aber nun tue ich ihm den Gefallen, mache mir den Spaß und kaufe einen in knalligem Rosa.

»Und übrigens«, fährt er dann fort, »wir wollen, dass ihr Frauen die Prüfung besteht, und haben deswegen extra nur Automatikbusse angeschafft.«

Im Jahr vor uns gab es schon mal eine Frauenklasse. Unsere Ausbilder fangen also nicht unbedingt ganz bei null an. Und doch machen selbst die kleinsten Veränderungen große Probleme. So fällt plötzlich auf: Es gibt in der Verkehrsakademie auf dem Flur der Unterrichtsräume ausschließlich Männertoiletten! Was nun? Eine Unisex-Toilette wird abgelehnt. An der Toilettentür wird ein Schild angebracht: »Nur für Frauen.« Das regt wiederum die Männer auf. Wo sollen sie jetzt hin? Sollen sie etwa erst die Treppe hinuntergehen, wenn sie mal müssen, um im Erdgeschoss pinkeln zu gehen?

Einige Male erwischen der Chef oder die Sekretärin einen Mann, der es die Treppe runter zum Pinkeln nicht schaffen wollte. Dann gibt es Empörung und Belehrung. Selbst das Toilettenpapier ist Thema. Angeblich benutzen Frauen mehr, um nicht zu sagen, zu viel Toilettenpapier. Neue Rollen des kratzigen, grauen Papiers stehen nicht einfach als Vorrat zur Verfügung, sondern müssen geholt werden. Ich finde das alles sehr unterhaltsam: »Wir brauchen eine Toilettenpapierbeauftragte, wer stellt sich freiwillig zur Wahl?«, rufe ich in das Klassenzimmer. Die anderen reagieren gelangweilt. Und auch mein Vorschlag für rosafarbenes oder pinkes Toilettenpapier, bestenfalls mit Glitzer, stößt auf taube Ohren. Zu Hause springe ich an diesem Tag noch etwas schneller als sonst aus den Einheitsklamotten und gehe besonders bunt gekleidet in den nächsten Supermarkt. Um die Recyclingecke mache ich diesmal einen Bogen und kaufe das dickste, weichste, teuerste Klopapier, das der Laden zu bieten hat. Es hat sogar angedeutete Blüten in dezentem Rosa aufgedruckt. Ab sofort trage ich eine eigene Klopapierrolle in der Handtasche. Es ist so befriedigend, mit der neuen Weichheit auf Toilette zu gehen und mir den Frust buchstäblich vom Hintern zu wischen. »Leute, ich gebe einen aus!«, rufe ich in die Klasse hinein und halte eine dicke, vollweiche Rolle dieses Luxus hoch. »Die steht nachher auf dem Fensterbrett. Wir gönnen uns einfach mal was!«

Schneller als erwartet erklärt der Ausbilder, wir seien mit dem theoretischen Teil des Führerscheins durch und machten erste Probetests. Nur wer in den Probetests null bis sehr wenig Fehler hat, wird zur offiziellen Prüfung beim TÜV zugelassen.

Die Anspannung ist fühlbar. Jede will so schnell wie möglich diese erste Hürde überwinden. Ohne eine erfolgreich abgeschlossene Theorieprüfung gibt es keine Möglichkeit, den Führerschein zu machen. Hier beweisen sich also nicht nur die Schülerinnen, sondern auch die Ausbilder. Wie gut oder schlecht haben sie den Unterricht gestaltet? Waren sie streng genug? Konnten sie ohne die üblichen Blondinenwitze die theoretische Regelung des Straßenverkehrs lehren? Ist das überhaupt möglich?

Obwohl wir langjährige und geübte Autofahrerinnen sind, kommt uns manche Regel in der sperrigen Formulierung der Theorie fremd und unerklärlich vor. Natürlich haben wir neben den allgemeinen Fragen zusätzlich Themen, die nur den Busverkehr betreffen. Unsere Prüfung ist also etwas ausführlicher. Und es ist wie überall im Leben: Manche kreuzen alles richtig an und manche nicht.

Am nächsten Tag ist das Können der Glücklichen genauso Thema wie das Pech der Unglücklichen. In der Kantine werden großzügige Runden Kaffee ausgegeben und jede Antwort gründlich besprochen. Wer nicht bestanden hat, muss ins Büro zum Rapport und wird ermahnt, noch einmal gründlich zu lernen und beim nächsten Versuch unbedingt zu bestehen. Wer bestanden hat, muss ins Büro zum Rapport und bekommt den ersehnten Stempel in den Personalbogen. Nur wer diesen Stempel besitzt, wird zur praktischen Fahrprüfung zugelassen.

Manche Frauen haben große Prüfungsangst. Sie fallen beim ersten Mal durch, sie fallen beim zweiten Mal durch. Auf der Damentoilette wird viel geweint. Bibi zum Beispiel kann alles, jedes Schild, jede Ausnahmeregelung. Aber nur, bis sie im offiziellen Prüfungsraum des TÜV sitzt und weiß: Jetzt kommt's drauf an. Sie fällt zweimal durch und gibt trotzdem nicht auf. Die Ausbilder versuchen, sie zu unterstützen. Sie bitten die Klassenbesten, den anderen zu helfen. Es sollen kleine Lerngruppen gebildet werden, die sich nach dem Unterricht zusammensetzen.

Eine gute Idee. Wenn da nur nicht die Häme wäre, die manche Frauen lebhaft umtreibt. »Tanja ist einfach zu dumm für den Test, das kapiert die eh nie«, wird gerade noch hörbar für Tanja geflüstert. »Ich hab Besseres zu tun, als der Monika die Verkehrsregeln zu erklären. Ist mir doch egal, ob sie besteht. Wenn die im Unterricht besser aufgepasst hätte, statt immer ihrem Heini zu simsen ...« Die Stimmung schwankt zwischen Mitgefühl und Neid, je nachdem, ob die Kolleginnen die Prüfung vor oder hinter sich haben. Ich entziehe mich dem Ganzen, so gut es geht. Zum Glück plagen mich keine Prüfungsängste, und das Lernen macht immer noch Spaß. Diese Verweigerung führt dazu, dass mein Ruf als »die Komische«, den ich spätestens seit der Nummer mit dem Toilettenpapier trage, gleichmäßig über den Hof zieht und mir Ruhe vor lästigen Fragen bringt. Als Letzte gehe ich am vorletzten Tag zur Prüfung und bestehe.

Mittlerweile haben wir uns gut in der Ausbildung eingewöhnt. Das frühe Aufstehen – der Unterricht beginnt um 7.00 Uhr, und der Wecker klingelt um 5.15 Uhr – ist fast normal geworden. Es sind schöne Sommertage, in die hinein wir zur Verkehrsakademie fahren. Berlin riecht kurz nach Sonnenaufgang so gut, die Luft ist prickelnd, das Licht noch weich. Eines Morgens warte ich auf dem U-Bahnhof Mehringdamm auf meine Anschlussbahn. Auf einer der Bänke schläft ein Mann. Ganz sorgfältig hat er seine schäbigen Schuhe vor sich abgestellt, daneben ordentlich einige volle Plastiktüten platziert. Seine Schlafstatt ist ein kleines, temporäres Zuhause ohne Heimat. Ich krame ein paar Münzen zusammen und lege sie ihm leise in die Schuhe. Ein Mann hat mich dabei beobachtet, kommt jetzt zu mir und fragt überaus mürrisch: »Warum sind Sie nett?«

Zum Glück kommt in diesem Moment die U-Bahn, ich steige schnell ein, setze mich mit dem Bewusstsein, dass die Arbeitskleidung auch ein Schutz vor Übergriffen sein kann, auf eine freie Bank und atme tief durch.

Der fremde Mann ist mir gefolgt. Er setzt sich neben mich.

»Das ist doch ganz normal«, antworte ich ihm also nun doch.

»Wissen Sie«, sagt er, »ich komme aus München und versuche, diese Stadt zu verstehen. Es gibt wohl keine chaotischere Stadt auf der Welt als Berlin. Ich verstehe einfach nicht, wie diese Stadt funktioniert.«

Er ist ganz nett jetzt, trägt teure, sorgfältig aufeinander abgestimmte Kleidung. »Ich habe Sie genau beobachtet. Sie sind ganz selbstverständlich zu dem Obdachlosen gegangen, es hat richtig schön ausgesehen, wie Sie ihm das Geld in die Schuhe gesteckt haben. Ich beobachte sehr viele solcher Momente in Berlin. Warum gehen Sie so freundlich miteinander um? Was ist der Grund, dass diese Stadt so anders ist als andere?«

Als ich später in der Verkehrsakademie ankomme, freue ich mich auf den Stoff, auf meinen neuen Beruf, auf die Zukunft, die mir viele Begegnungen wie diese schenken wird, die so nur unterwegs möglich sind. Kurze Berührungen zwischen zwei Stationen. Und auf die Arbeit mitten in und dann auch für diese Stadt, die so viel Toleranz übt für so viele Seiten des Lebens, die Begegnungen ermöglicht, Abenteurer anlockt. Mein neuer Beruf schenkt mir Einblicke und Berührungen, die voller zwischenmenschlicher Überraschungen stecken.

Auch unser Ausbilder, der dritte mittlerweile, hat gute Laune an diesem Tag. Er knallt seine Tasche auf den Tisch, holt Stifte und Bücher heraus und ruft uns freudestrahlend zu: »Mädels, wir machen Männer aus euch! Männer!«

Unsere Klasse wird geteilt, in zwei etwa gleich große Gruppen, denn es gibt weder Fahrlehrer noch Fahrschulbusse für alle gleichzeitig. Von nun an haben wir wochenweise abwechselnd Fahrunterricht oder weitere Theoriestunden. Besonders die Technikstunden finde ich großartig. Ich bin begeistert von wartungsfreien Retarderbremsen, die allein mittels wechselndem Luftdruck funktionieren, von Reifen, die die Sicherheit in jedem Gefährt garantieren – wenn sie richtig gewählt und gepflegt werden. Am Ende dieser Unterrichtseinheit frage ich den Ausbilder, ob es möglich ist, das Lehrbuch zu kaufen. Ich möchte hin und wieder in dem Buch blättern. Herr K. wendet sich hilfesuchend an die Klasse: »Versteht ihr, was sie will?« Und ein paar Frauen antworten: »Die meint das wirklich ernst. Die ist so.« Ich bekomme das Buch dennoch nicht, auch nicht nach einem diskreten Gespräch mit dem Büro.

Der Unterricht bleibt durchgehend anspruchsvoll, das tägliche Lernpensum ist groß. Besonders anstrengend und ermüdend ist das Lernen der gesetzlichen Regelungen. Eine Busfahrerin muss grundsätzlich die gesetzlichen Regelungen der Personenbeförderung, die erforderlichen Genehmigungen und Beförderungsdokumente kennen. Es fällt mir schwer, nicht ständig meine Empörung über die gesetzlich geregelte Ausbeutung der Busfahrer laut zu äußern. Mein Protest ändert natürlich nichts an den Arbeitsbedingungen, aber es ist mir fast unmöglich, alles still zu akzeptieren. Ich habe gelernt, gegen Ungerechtigkeit den Mund aufzumachen. Zum Glück bin ich alt genug, um zu wissen: Das ist weder der rechte Ort noch die richtige Gelegenheit, Grundsatzdiskussionen zu führen und landesweite Streiks zu organisieren. Es gibt unzählige Ausnahmeregelungen bezüglich der Arbeitszeiten für den Berufskraftfahrverkehr, die wir alle beherrschen müssen.

So gibt es beispielsweise die Tageslenkzeit (TLZ). Die besagt, dass wir täglich neun Stunden hinter dem Steuer sitzen dürfen – natürlich exklusive der vorgeschriebenen Pausen, die spätestens nach viereinhalb Stunden zwingend einzuhalten sind. Steht man mit dem Bus im Stau, verspätet sich und erreicht die für den Fahrerwechsel eingeplante Haltestelle nicht zur korrekten Uhrzeit, disponiert die Leitstelle um. Diese Pause ist nicht verhandelbar! Zweimal wöchentlich darf unsere Arbeitszeit zehn Stunden betragen. Diese TLZ ist besonders interessant, denn die Arbeitszeitwoche beginnt jeweils montags um 00.00 Uhr und endet am Sonntag um 24.00 Uhr. Die Wochenlenkzeit aber darf höchstens sechsundfünfzig Stunden betragen. Nun gibt es noch die sogenannte Doppelwoche. In zwei aufeinanderfolgenden Wochen darf insgesamt 96 Stunden gelenkt werden. Alle sonstigen Arbeiten wie das Warten oder Aufräumen des Busses werden zusätzlich geleistet.

Der Arbeitgeber darf die Tagesruhezeiten (also quasi die Nachtruhe) insgesamt dreimal zwischen zwei Wochenruhezeiten auf jeweils neun Stunden verkürzen. Die Wochenruhezeit entspricht eher einem Wochenende, findet aber nicht zwingend am Samstag und Sonntag statt. Sie muss alle zwei Wochen mindestens fünfundvierzig Stunden am Stück lang sein. Es gibt allerdings die Ausnahmeregelung für Arbeitgeber, die Wochenruhezeit auf vierundzwanzig Stunden zu kürzen, wenn die letzte Wochenruhezeit fünfundvierzig Stunden betrug. Das betrifft vor allem den Fernreiseverkehr. Eine sogenannte Arbeitswoche darf höchstens zwölf Tage dauern, zum Beispiel wenn die Reise ins europäische Ausland geht. Zwölf Tage!

Nach dem Arbeitszeitgesetz darf die wöchentliche Arbeitszeit sogar auf sechzig Stunden erhöht werden, wenn im Durchschnitt innerhalb von vier Monaten eine Wochenarbeitszeit von achtundvierzig Stunden nicht überschritten wird.

Eine verkürzte Tagesruhezeit (TRZ) sieht nach einer Dreizehnstundenschicht neun Stunden Ruhezeit vor, der eine weitere Dreizehnstundenschicht folgen darf. Die Ruhezeit ist im »Merkblatt über Sozialvorschriften im Straßenverkehr« klar definiert: »Die Ruhezeit ist der Zeitraum, in dem ein Fahrer frei über seine Zeit verfügen kann.«

Im Linienbusverkehr ist selbst der Abstand zwischen den Haltestellen gesetzlich wichtig. Für unsere Großstadtlinien gelten zum Beispiel durch die Kürze der Strecken einige gesetzliche Bestimmungen nicht. Die kurzen Entfernungen zwischen zwei Haltestellen ersparen Pausen, die für Linien über fünfzig Kilometer Länge oder gar Fernreisen zwingend vorgeschrieben sind. Es ist tatsächlich schwierig und dauert lange, bis wir diese unverständlichen Bestimmungen einfach akzeptieren. Unsere Ausbilder machen außerdem deutlich, wie die gesetzlichen Bestimmungen eine Überforderung und Ausbeutung der Arbeitskraft ermöglichen, die mit normalem Menschenverstand kaum zu begreifen sind.

»Und was dürft ihr nach der kleinen Pause auf dem Autobahnrastplatz? Na? Dreimal dürft ihr raten ... Weiterarbeiten! Und nun ratet mal, wie viele Betriebe es gibt, die alle Ausnahmeregelungen der erlaubten Arbeitszeit bis zum Anschlag auskosten? Na? Bibi, was meinst du?« Bibi hat gerade nicht zugehört, weil sie ihre Fragen zur TLZ auf kleine Zettel kritzelte. »Woher soll ich das wissen?«, fragt sie empört zurück. »Du bist doch der Ausbilder. Ich weiß das jedenfalls nicht.«

Herr K. wird plötzlich ganz müde und sehr erschöpft. Er setzt sich, legt den Kopf in die Hände, schnauft, hustet. Weint er? Natürlich weint er nicht, er ist ein Mann! Aber er berichtet uns mit gebrochener Stimme von seinen Erfahrungen:

»Ich hab immer alle Schichten gefahren, ohne aufzumucken. Welche Schichten mir die Leitung auch gegeben hat, ich hab sie erledigt, ohne dumme Fragen zu stellen. Ich war ein kleiner Steppke und richtig stolz auf meinen Beruf. Meine Chefs haben mich gar nicht gekannt, so brav und artig war ich. Wie so 'n Piepmatz hab ich immer ›ja‹ gezwitschert, wenn es irgendeine Zusatzschicht oder Extraarbeit gab. Nach der Arbeit bin ich nach Hause, ins Bett, schlafen, aus dem Bett wieder raus, ackern. Ich hab nur noch Konserven gegessen, für Schnitzelbraten war ja keine Zeit. Grillen mit den Kumpels? Ha!« Er nimmt einen Schluck Kaffee aus seiner dunklen Tasse. »Und was ist mit der Liebe? Welche Frau will schon einen, der nur am Ackern ist? Und immer Schicht, immer immer immer Schicht. Nie bist du zu Hause, wenn's wichtig ist. So einen will doch keine.« Er berichtet über das Scheitern seiner Beziehungen und warnt uns eindringlich: »Ab jetzt sind wir eure Familie. Die BVG. Alles andere könnt ihr sofort vergessen.«

Seine offenen Worte tun uns gut. Es dauert aber tatsächlich noch lange, bis mir die Konsequenzen dieser Arbeitszeitregelungen vollkommen bewusst werden.

Um alle Lenk- und Ruhezeiten und auch die gefahrene Geschwindigkeit und Kilometeranzahl ausnahmslos kontrollieren zu können, gibt es analoge und digitale Kontrollgeräte in jedem Fahrzeug. Die Kontrollgeräteverordnung regelt jede Verwendung dieser Geräte. Es ist unglaublich, was es für Zeichen, Bestimmungen und Regeln gibt. So ist zum Beispiel jede Busfahrerin und jeder Busfahrer verpflichtet, Diagrammscheiben für das analoge Kontrollgerät mit sich zu führen.

Diese Scheiben sind nach dem ersten Einlegen nicht übertragbar und gelten als unbestechlicher Arbeitszeitnachweis. Sie werden sowohl vom Arbeitgeber sorgfältig gelesen als auch von der Polizei im Falle einer Kontrolle oder im Falle eines Unfalls kontrolliert. Jede Bewegung des Busses, die gefahrene Geschwindigkeit, selbst Geschwindigkeitsübertretungen, Stopps und Pausen notiert das analoge Kontrollgerät schwarz auf weiß. Neuerdings gibt es auch digitale Kontrollgeräte. Hierfür muss der Fahrer lediglich eine sogenannte personifizierte Fahrerkarte, vergleichbar mit einer EC-Karte, in das Gerät stecken. Auf dieser werden alle Bewegungen des Busses gespeichert und können später ausgelesen werden. Im internationalen Personenverkehr, im Gelegenheitsverkehr, im Linienverkehr bestehen unzählige Pflichten, und wir müssen natürlich alle lernen, egal, wie langweilig und fern uns das erscheint. Auch die Kosten eines Fuhrparks gehören zum Stoff, es könnte ja sein, dass wir uns selbstständig machen, irgendwann. Deswegen lernen wir ebenfalls den Aktionsplan Güterverkehr und Logistik und das Telematiksystem kennen. Und mehr. So viel mehr. Obwohl ich wohl niemals ein eigenes Busunternehmen gründen werde, begeistert mich die Telematik. Sie ermöglicht es, die Einsätze von Reisebussen aus der Ferne zu überwachen, zu steuern, zu optimieren. Mithilfe des Systems kann die Zentrale Aufträge direkt an den Busfahrer weitergeben, egal, in welchem Land er sich gerade befindet. So werden Leerfahrten vermieden, der Diebstahl eines Reisebusses wird erschwert, die Arbeitsleistung der Busfahrer kann noch konkreter erfasst werden.

Abends lese ich oft noch ein paar Seiten in den Lehrbüchern und gehe meine Notizen durch. Unser komprimiertes Erlernen des Berufs fordert unbedingte, ständige Aufmerksamkeit. Wir haben gute vier Monate Zeit, den Stoff von Theorie und Praxis zu erlernen, zu begreifen und in insgesamt vier Prüfungen zu beweisen. Das schafft nur, wer wirklich will. Sehr viel Vergnügen machen immer wieder die technischen Lernblöcke. Und wir lernen meine liebste Eselsbrücke. Um die Betriebssicherheit eines Kraftfahrzeuges jederzeit aus dem Effeff überprüfen zu können, erklärt uns der Ausbilder das Wort WOLKEN:

WASSER	(Kühlwasser, Scheibenwaschwasser)
OEL	(Getriebe-, Achs-, Motor-, Lenköl)
LUFT	(Reifendruck, Betriebsdruck für die Bremsanlage)
KRAFTSTOFF	
ENERGIE	(Elektroenergie, Batterie)
NOTFALLSET	(Erste Hilfe, Warndreieck, Warnweste)

Wir lernen die möglichen Ursachen von Störungen des Fahrzeuges deuten. Kommt weißer Rauch aus dem Auspuff, ist die Zylinderkopfdichtung kaputt. Mir kommen hier automatisch Gedanken an die Rituale der Papstwahlen in die Quere und ich muss im Unterricht lachen. Dabei aber denke ich: Warum hat mir das in den vielen Jahren als Autofahrerin niemals jemand gesagt? Es ist doch wichtig und gut, solche Dinge zu wissen.

Die Ausbilder geben alles, um die Menge an Themen in unsere Köpfe zu pressen. Ihre Anreize sind mal mehr, mal weniger modern – mehr als einmal schlägt einer vor: »Wenn wir zehn Minuten früher fertig werden mit dem Unterricht, bekomme ich als Belohnung von jeder ein Küsschen.«

Durch den wöchentlichen Wechsel von Theorie und Praxis verankert sich jedes neue Thema besser und dauerhafter in unseren oft rauchenden Köpfen. Unsere Gespräche drehen sich fast ausschließlich um die Inhalte der Ausbildung. Um sich die Informationsflut merken zu können, hat jede Frau ihre ganz eigenen Rituale. Während Katja Abend für Abend am Küchentisch sitzt und paukt, geht Monika mit dem Hund spazieren und hört sich ihre aufgenommenen Notizen per Kopfhörer noch einmal an. Tanja trifft sich am liebsten mit Karen und Anahita, denn sie können gemeinsam besser lernen als allein. Anne hat das Glück, dass ihr Vater und Bruder Busfahrer sind und ihr bei allen Fragen helfen können. Manche haben WhatsApp-Gruppen gegründet, um sich gegenseitig zu unterstützen.

Ich sitze oft auf meinem Balkon und erzähle meinen Freunden und Freundinnen von allem.

»Und dann hat er gesagt, dieses Zeug mit den Ölen kann er nur mit Brigitte Bardot erklären, und das sei ihm ja hier verboten worden. Das seien so Sätze und Sprüche, die nur Männer kapieren, weil die Brigitte, die sei ja ein Weib mit ... wir wüssten schon. Wir müssten uns das also selber beibringen, aber dabei immer nur an ihn denken, dann würd's richtig schön werden ... Ich wäre fast erstickt an meinen Gedanken.«

Sabrina ist sprachlos. Maxi ist sprachlos. Holger kann es nicht fassen: »Das hat der nicht gesagt, das denkst du dir doch aus, gib's zu!« Sabrina ist schon weiter in ihren Gedanken: »Aber die BVG hat doch extra Frauen gesucht, ältere, lebenserfahrene Frauen. Warum gehen die jetzt so mit euch um? So ... so ... demütigend?« Ich zucke mit den Schultern. »Was sagen denn die anderen?«, fragt Holger. »Die sind alle ganz anders als ich«, sage ich und zerkrümele dabei meine Schrippe.

Da unsere Ausbildung auch für den Busverkehr außerhalb der BVG gilt, lernen wir Tatsachen über Migration, das Aufenthaltsgesetz, die Aufenthaltstitel, den Schengener Grenzkodex. Unter anderem ist die illegale Migration Thema. In unseren Büchern stehen Fragen und Antworten, die mir so noch nicht begegnet sind: Woran erkenne ich illegale Migration? Die Menschen sind möglicherweise auffällig nervös. Woran erkenne ich illegale Ausreise bzw. Einreise in EU-Staaten? Die Menschen haben möglicherweise sehr viel Gepäck dabei und viele vollgestopfte Plastiktüten. Als Busfahrerin habe ich das grundsätzliche Recht einer Festnahmebefugnis und bin angehalten, auch solche Situationen schnell und gründlich erfassen zu können.

Das Hauptaugenmerk aber liegt auf dem Linienverkehr in Berlin und Brandenburg. Es gibt zum Beispiel die Verpflichtung, dem Fahrgast Geld bis zu fünf Euro zu wechseln – außer in Berlin! Hier muss ich bis zu zehn Euro wechseln. Natürlich darf ich auch Zwanzigeuroscheine wechseln, wenn ich will, aber ich muss halt nicht. Die Berlinerin in mir kichert sehr über diese herrlichen Bestimmungen. Sie geben mir die Erlaubnis, freundlich zu sein, wann ich es will.

Spannend sind auch die vielen Sicherheitssysteme, die Unfälle mit Kraftomnibussen (KOM, das sind Busse mit mehr als acht Plätzen) vermeiden helfen. Es gibt das Abstandregelsystem, die Antischlupfregelung, das Notbremssystem, den Bremsassistenten, den Einschlafwarner, einen Abbiegeassistenten, Rückfahrhilfen, Brandlöschanlagen, Überrollschutz ...

Es gibt so viele technische Möglichkeiten, einen Unfall zu verhindern! Die Antischlupfregelung sorgt dafür, dass die Räder beim Anfahren auch auf glatter Fahrbahn, bei Schnee, Nässe oder Eis nicht durchdrehen. Das Abstandregelsystem bremst unterstützend und verringert so die Geschwindigkeit, sobald der Abstand zum vorfahrenden Fahrzeug zu gering wird. Es kann je nach Einstellung auch akustisch warnen. Und der Einschlafwarner tut genau das: Eine winzige Kamera verfolgt ununterbrochen die Augenbewegungen der Fahrerin. Wird der Lidschlag weniger, warnt er durch akustische und optische Signale vor dem Sekundenschlaf.

»Der Tod kommt von links«, bläuen uns die Ausbilder immer wieder ein. Trotz aller technischen Systeme macht der Mensch Fehler, gerade im Straßenverkehr. Als Busfahrerin muss ich natürlich vor allem das Draußen und das Drinnen im Auge haben.

Mit all diesen Themen für die »Beschleunigte Grundqualifikation für Umsteiger« im Kopf gehen wir mit rasanten Schritten der nächsten Prüfung entgegen. Die Industrie- und Handelskammer Berlin stellt den Absolventen und Absolventinnen der BVG einen festen Prüfungstermin zu, und wir bekommen die Ausnahmeerlaubnis, zu dieser Prüfung in unserer eigenen Kleidung zu erscheinen.

Natürlich mustern wir uns am Morgen, was tragen wir privat? Manche haben sich extra schick gemacht. Wir sitzen in einem großen Raum, ein Tisch und ein Stuhl für jede Frau. Vorn die Stühle für die vielen Aufsichtspersonen, die konzentriert darauf achten, dass nicht geschummelt wird. Ein ganzer Fragenkatalog liegt vor uns, es gibt sowohl Multiple-Choice-Bereiche als auch Fragen, die mit eigenen Worten schriftlich beantwortet werden müssen. Unsere Ausbilder haben uns gut vorbereitet. Die Prüfung beweist unser neues Wissen, unsere Kenntnisse über Technik, Gesetze, Bestimmungen. Fast alle erreichen wir die benötigte Punktezahl und bekommen eine Bescheinigung über die bestandene Prüfung gemäß § 4 des Berufskraftfahrer-Qualifikationsgesetzes i. V. m. der Berufskraftfahrer-Qualifikations-Verordnung auf dickem Papier in beruhigendem Grün.

Diejenigen, denen die Prüfungsangst erneut eine schwarze Mütze über das Gehirn gezogen hat, dürfen, müssen, können nach einer festgelegten Nachschulung erneut zur Prüfung. Bibi schafft es nicht. Obwohl sie, wie viele andere, in jeder freien Minute auswendig lernt, wiederholt, sich von ihren Kindern abfragen lässt, die Bücher nachts unter ihrem Kopfkissen hat und es so sehr will, so sehr schaffen möchte, fällt sie mit Pauken und Trompeten durch. Sie weint bittere Tränen. Für Bibi sind nicht die Umstände, die sperrige Sprache der Testfragen, die gesellschaftlichen Hürden schuld an ihrem Nichtbestehen. Ihrer Meinung nach ist nur eine an allem schuld: Bibi. Es tut weh, ihre Verzweiflung zu erleben. Wir nehmen sie in den Arm, aber so richtig schaffen wir es nicht, sie zu trösten.

Alle anderen werden kurz beglückwünscht. Der Ausbilder freut sich: »Jetzt kann ich endlich wie mit Fachmännern mit euch reden!« Dann geht die Ausbildung weiter. Es fehlt nämlich noch ein Grundkurs der englischen Sprache. Unsere Stadt ist weltoffen, und auch Touristen, die kein Deutsch sprechen, sollen in der Lage sein, Busse und Bahnen der BVG zu benutzen und Ansagen zu verstehen. Busfahrer sollen Touristen auch auf Englisch Auskunft geben und Fragen nach Ticketpreisen und Fahrstrecke zumindest ansatzweise beantworten können. Englisch als Weltsprache ist natürlich längst bei der BVG integriert worden. Wer kennt nicht die legendären Bandansagen in Bussen und U-Bahnen, die weder wir noch unsere Gäste wirklich ganz und gar begreifen, die uns aber das wohlige Gefühl von Weltstadt und Metropole vermitteln!

Dabei macht sich gerade hier die lange Teilung unserer Stadt so greifbar deutlich: In der DDR lernte man eher Russisch als erste Zweitsprache. Englisch wurde selten im Alltag gebraucht. Also sprechen auch in unserem Kurs viele kein fließendes Englisch. Doch alle wissen: Nicht die korrekte Grammatik ist entscheidend in der Völkerverständigung, das zuvorkommende »So tun als ob« macht den legendären Berliner Charme aus.

Der Unterricht beginnt um 6.30 Uhr. Um uns ein paar wichtige Vokabeln mitzugeben in das Leben als öffentliche, mehrsprachige Respektsperson, bekommen wir Bögen ausgehändigt, auf denen Grundvokabeln zur Zeitangabe und zu allgemeinen Redewendungen aufgelistet sind. In drei Spalten werden die häufigsten Vokabeln und Sätze erklärt. Es fängt einfach an:

ich – I – *ei*
ja – yes – *jäs*
nehmen – take – *teek*
haben – have – *häf*

sehen – see – *ssiih*
dort – there – *sähr*
links – left – *läft*

Es folgen die Zahlen von Null bis Siebzig:
7 – seven – *zsävän*
16 – sixteen – *zixtihn*
21 – twenty-one – *twänti-woan*

Und schließlich ganze Sätze:
Ich verstehe nicht – I do not understand – *ei du nott anderständ*
Einen Moment bitte, ich frage nach – one moment please, I ask –
  woan moment plies, ei ask
Ich schaue nach – I have a look – *ei häf ä luk*
Sie müssen jetzt aussteigen – you must go out now –
  ju mast go aut nau
Kommen Sie mit mir, ich fahre dahin – come with me, I go there –
  kamm wiss mie, ei go sähr
Mein Englisch ist sehr schlecht – my English is very bad –
  mei inglisch is wäri bäd
Sprechen Sie bitte langsam – speek slowly please –
  sspiek ssloli plies

Wer könnte diesem unfassbar ehrlichen, geradezu zärtlichen Versuch, dem Gegenüber auf jeden Fall zu helfen, ernsthaft widerstehen?

3. Haltestelle

»Macht euch dick, ihr braucht den Platz!«

Früh um 5.00 Uhr beginnt die praktische Ausbildung, und zwischen die Vorfreude mischt sich jetzt doch auch eine vage Angst vor der eigenen Courage. Mit Conny und Roswitha bilde ich ein festes Dreiergespann, wir werden alle Lehrfahrten und Prüfungen gemeinsam absolvieren. Conny war jahrzehntelang Taxifahrerin und ist auf Du und Du mit allen Straßen, Roswitha saß im Büro und möchte sich jetzt einfach mal frischen Fahrtwind um die Nase wehen lassen.

Unsere Fahrlehrerin, Anita, erwartet uns gegen 4.30 Uhr auf dem Hof im Wedding. Selbst in der besten Großstadt sind Termine um diese Uhrzeit ohne Auto schwer einzuhalten. Deswegen holt Conny erst Roswitha und dann mich ab. Ich stehe um 3.50 Uhr nachts in frisch gewaschenem BVG-Design an der Straße und warte.

Ein großer dunkler Wagen hält, das Seitenfenster geht auf. Ich wundere mich: Connys Auto hatte ich ganz anders in Erinnerung, viel kleiner vor allem und hell lackiert. Ich beuge mich zum Seitenfenster hinunter und blicke in zwei große Augen. Ein wohlgenährter mittelalter Mann mit deutlichen Bedürfnissen fragt nach meinem Preis: »Hallo Schöne, was kostest du? Ich zahl gut für beides, erst mit dem Mund, dann ohne Kondom. Ich habe heute meinen Großzügigen: 30 Euro komplett!« Mir fehlen die Worte, starre weiter wie blöd in sein Gesicht und frage mich, wie meine grauen Hosen und die etwas zu große Jacke ihn auf solche Abwege führen konnten. »Wie bitte?«, frage ich höflich nach. »Nun zick hier nicht so rum, okay okay, habe schon verstanden. Also 35 Euro. Steig schon ein, für dumm Quatschen zahle ich nicht.« – »Fahren Sie mal ganz schnell nach Hause und belästigen sich selber.«

Hach – so höflich bin ich selten. Ich gratuliere mir zu meinen wohlgewählten Worten und ordne meinen Hemdkragen, ziehe die Jacke glatt und begebe mich festen Schrittes zurück auf den Bürgersteig. »Dann eben nicht!«, schreit er mir hinterher und gibt Gas, obwohl die Ampel rot ist.

Kurz darauf hält Connys kleine Kiste, Roswitha klappt die Rückenlehne vor, damit ich auf die hinteren Plätze rutschen kann. Die beiden lachen sich kaputt über das eindeutige Angebot, das ich gerade abgelehnt habe. Mit heruntergekurbelten Fenstern fahren wir durch die stillen Straßen und genießen den Moment.

Ein Betriebshof hat nachts eine sehr besondere Stimmung. Die ganze Arbeit ist getan, die weite Fläche liegt ruhig, ein Kaninchen huscht über den leeren Asphalt, Fledermäuse jagen auf unsichtbaren Flugbahnen, die großen Busse stehen in wohlbedachter Ordnung, alles ist bereit für den neuen Tag. Natürlich gehen wir alle noch mal auf die Toilette. Natürlich zündet sich die Raucherin noch schnell eine letzte Zigarette an. Natürlich trinken die anderen eine letzte Tasse viel zu starken Kaffee. Dann holen wir gemeinsam die Schlüssel und Papiere aus dem Büro. Anita, unsere erfahrene Lehrerin, steht unten an der Tür und wartet.

Wir gehen fast feierlich die schwach beleuchteten Wege bis zu unserem Bus, ein paar frühe Vögel singen ihre Morgenlieder und, na klar, dann rennen wir alle schnell noch ein weiteres Mal aufs Klo.

Unser Fahrschulbus steht in einer abgelegenen Ecke, weit entfernt von den anderen, damit wir den Betrieb nicht stören. Einmal über den ganzen Hof wandern wir, dabei immer die vorgeschriebenen Wege beachtend. Sicherheit ist ein ernsthafter Punkt auf den Höfen, es gibt strenge Regelungen, ausschließlich die gekennzeichneten Fußwege dürfen begangen werden und niemand, auch kein altgedienter Veteran, weicht hier vom Wege ab.

Ganz klein werden wir, fast andächtig, während »unser« Bus Schritt für Schritt immer größer wird, ein wahres Ungeheuer.

Ich drehe den winzigen Schlüssel und sage, ohne nachzudenken: »Sesam öffne dich.« Wie von Zauberhand klappt lautlos die Seitentür des gelben Riesen auf und heißt uns willkommen. Conny kichert, Roswitha räuspert sich. Beide fühlen das Gleiche wie ich: Ein Traum wird wahr und wir sind mittendrin.

Der Bus riecht gut, die leeren Sitze erzählen nichts Neues, alles ist gleichzeitig vertraut und sehr, sehr unbekannt. Roswitha und Conny setzen sich eng zusammen auf den ersten Platz, gleich hinter der Tür. Ich, ausgerechnet ich, eröffne die Fahrstunde.

Wertvolle Minuten verbringe ich mit dem komplizierten Einstellmechanismus des Fahrersitzes. Die Federung ist toll: Falsch eingestellt erinnert sie an eine Fahrt auf dem Karussell, es wippt und wogt, und mir wird fast ein bisschen übel. Dann suche ich längere Zeit nach dem Anschnallgurt. Anita schaut gelassen zu.

Als alles passt, Spiegel, Sitzhöhe, Lenkradwinkel, drehe ich den Schlüssel und spüre den Motor. Mit beiden Hände halte ich das riesige Lenkrad, so fest es nur geht. Dann, ganz sachte, zögernd und aufgeregt, trete ich auf das käsebrettgroße Gaspedal und ... fahre los!

»Guck nach vorne«, schreit Anita sofort, »und denk daran, wie lang der Bus ist! Da am Tor musst du scharf rechts abbiegen bis zur Ampel und dann links!«

Ein großer Unterschied zum Autofahren ist die Sitzposition. Im Bus sitzt man quasi direkt vor der Stoßstange, weit vor den Rädern. Da ist nichts zwischen der Straße und mir, keine Motorhaube, an der sich die Blicke festhalten könnten, keine Kühlerfigur, die mir die Richtung anzeigt. Diese Leere unter und vor sich ist gewöhnungsbedürftig. Es fühlt sich an, als ob man ununterbrochen über einem Abhang fährt.

Die Ausfahrt kommt immer näher, und mit jedem Meter scheint das Tor zur Straße enger zu werden. Unmöglich, da durchzufahren. Ich schaue in die Seitenfenster und rolle, rolle, rolle das ganze lange Gefährt erst durch das kleinste Tor der Welt und dann rechts um die Ecke und verstehe nicht wirklich, wie wir alles passiert haben, ohne dass was passiert ist.

Jetzt liegt sie vor mir wie frisch gewaschen und gebügelt: Die Straße glänzt im Morgentau, ich gebe Gas und versuche konzentriert und vergebens, die Fahrspur einzuhalten. »Mach dich dick!«, ruft Anita immer wieder aufmunternd. »Mach dich dick, nimm dir allen Platz, der da ist. Nicht so schüchtern, hopp links rüber, die Fahrbahnmarkierungen sind uns egal, die sind nicht für dich gemalt.« Roswitha und Conny kreischen verhalten, aber nicht vor Angst, sondern vor Aufregung. Und ein bisschen auch vor heimlicher Erleichterung, dass nicht sie am Steuer sitzen.

Das ganze Leben lang war jedes »Sich-dick-Machen« schlicht tabu. Wir haben von klein auf gelernt, Platz zu machen, statt uns Platz zu nehmen. Ich will mich nicht dick machen, ich will in die Fahrspur passen wie gemalt und alles richtig machen. Aber Anita ist nicht erst seit gestern Fahrlehrerin: »Rüber nach links, noch ein Stück. Nimm dir die Fahrbahnmarkierung als Mittellinie, auf der willst du fahren, dann passt es. Nur keine Scheu. Guck mal in den Spiegel: DU bist der Bus, du!«

»Aber ... aber das geht doch nicht. Dann kommen die anderen doch gar nicht mehr an mir vorbei?«

»Das ist das Erste, das ihr lernen müsst: Ihr seid der Bus! Der Verkehr muss sich nach euch richten! Niemals umgekehrt. Wenn du zwei Fahrspuren brauchst, dann ist das eben so. Guck doch mal: Niemand kann durch dich hindurchsehen, alle hinter dir sind darauf angewiesen, hinter dir zu bleiben – bis DU Platz machst. Platz machst du nur, wenn es sicher ist, wenn es o.k. ist, wenn genug Platz da ist! Und jetzt hör gefälligst auf mich. Mach dich dick! Nimm dir die ganze Straße!«

Conny meldet sich von ihrem Logenplatz hinter mir: »Los jetzt, mach dich dick, aber hopplahopp.« Roswitha kichert ununterbrochen: »Stell dich nicht so an, rüber nach links, du bist doch sonst nicht so schüchtern! Nimm sie dir schon, die ganze Straße.«

Beide denken an ihre Stunden hinterm Steuer und sind froh, erst mal in Sicherheit zugucken zu können und mich mit ihren Sprüchen zu bestärken und unterstützen. Wie viele anerzogene Stereotypen wir hier durchbrechen dürfen – und müssen!

»Ich trau mich aber nicht«, jammere ich und klammere mich ans Lenkrad, das groß wie ein Mühlstein ist.

»Los jetzt, keine falsche Zurückhaltung, wir sind hier nicht in der Schlemmerabteilung des KaDeWe! Du nimmst dir jetzt alles, was du willst, weil es sein muss.«

Anita weiß, wie sie Ängsten die Schwere nimmt. Ich beobachte panisch konzentriert den Verkehr und bin überglücklich, dass in diesen frühen Morgenstunden kaum Autos unterwegs sind. Hier und da fahren kleinere Transporter.

»Mach dich dick, mach dich breit«, ertönt ein fröhlicher Singsang meiner Kolleginnen und nimmt mir weitere Skrupel. Ich werfe alle Klischees über Bord, schaue in die Spiegel und – mache mich dick! Ein überwältigendes Gefühl ist das. Anita, Conny und Roswitha klatschen laut Beifall.

Ich fresse die weiße Mittellinie Meter für Meter, mein Bus hat links und rechts ganz genau gleich viel Platz bis zum Bordstein. Vor und hinter mir ist alles frei. »Dann mal los, ich fahre uns bis zum Horizont, die Sonne putzen«, rufe ich euphorisch und will gerade zu einem kleinen Vortrag ansetzen, wie einfach doch das Busfahren ist.

»An der nächsten Ampel biegen wir rechts ab«, durchbricht Anitas Stimme meine Hochstimmung.

Wie bitte biege ich mit diesem starren Gefährt rechts ab in diese winzige Seitenstraße? Wie soll das gehen? Anita hat wahrscheinlich einen Scherz gemacht, denke ich. »Das ist jetzt nicht dein Ernst? Da passe ich doch im Leben nicht rein«, widerspreche ich ihr.

»Los, Blick in den Rückspiegel, ganz links einordnen. Weiter, noch weiter links, du brauchst einen großen Winkel zum Abbiegen. Und pass auf, konzentrier dich, gleich wird die Ampel grün.«

Mit den hinteren Rädern rumpeln wir über den Bordstein beim Abbiegen, ich war nicht weit genug links.

»Aber für das erste Mal war es gar nicht schlecht. Da habe ich schon ganz anderes erlebt. Gut gemacht!«

Ich sehe zweifelnd meine Fahrlehrerin an.

»Doch, wirklich. Das hast du fein gemacht. Du hast ein gutes Gefühl für den Bus und die Straße.«

Wie schön es ist, gelobt zu werden! Doch Anita reißt mich sofort aus meinem kurzen Höhenflug: »Hier in der Straße ist eine Haltestelle. Die fahren wir mal an.«

Wie sieht noch mal eine Haltestelle aus? Überall sind nur Bäume und Büsche und Fahrradwege und Häuserzeilen und Bordsteine und huch! – ich muss ja gleichzeitig auf die Straße gucken, den Verkehr um mich herum im Auge haben und den Bus fahren.

»Das wäre Ihre Haltestelle gewesen«, flötet Anita und winkt zum Seitenfenster raus. Ich werde unwirsch. Was soll ich denn noch alles machen? Wie soll ich gleichzeitig Bus fahren, mich dick machen, den Verkehr um mich herum – huch! dahinten kommt ein schneller Fahrradfahrer – beobachten, atmen und Haltestellen finden? Das geht nun wirklich nicht!

»Und wie das geht, los, hör auf mich, fahr die nächste Haltestelle an, da vorne ist sie, langsam, nicht schleichen, und jetzt schon mal einlenken, nicht so viel, und ran an den Bordstein, und halten.«

Ich stehe schwitzend an der Haltestelle und warte auf das nächste Lob. »Und was haste vergessen? Na? Blinken! Ist doch nicht so schwer zu blinken, oder!« Ich nicke. Anita öffnet die Türen: »Guckste jetzt mal: Der Bordstein ist ja mindestens zehn Meter weit weg von uns. Ran da, knutsch den Bordstein, keine Angst haben, da musst du richtig nahe ran. Wir stehen ja mitten auf dem Damm.« Ich nicke.

»Alles klar, du brauchst eine Pause und ich eine Zigarette.«

Ich würde jetzt auch gerne rauchen. Oder einen Schnaps trinken. Oder duschen.

Nach der Pause ist Roswitha dran. Wir haben das große Glück, nur zu dritt zu sein in der Fahrschule. Es gibt auch Gruppen mit sechs Frauen. Da wird die eigene Fahrzeit kurz und der Unmut groß. Wir respektieren und schätzen uns, unser Umgang miteinander wird mit jedem Kilometer etwas vertrauter, freundlicher, zugewandter. Während die eine hinter dem Lenkrad sitzt, schauen die anderen zu, lauschen den Anweisungen und Erklärungen. Der Blick von hinter dem Lenkrad ist ein ganz anderer als der Blick, wenn man mitfährt. Das Erlernen dieses Perspektivwechsels ist erstaunlich ermüdend. Nach zwei Stunden Fahrunterricht sind wir platt.

Mit Anita fahren wir immer im Osten der Stadt herum. Das ist ihr Kiez. Nach der Wiedervereinigung wurde hier viel in das Straßennetz investiert. Wir holpern deutlich weniger über brüchigen Asphalt als im Westen der Stadt. Schlaglöcher gibt es keine. Die Straßen sind breit, gerade, übersichtlich. Das erleichtert uns die ersten Stunden hinter dem Steuer enorm.

»Ich fahre mit euch da, wo es sicher ist, wo ihr Platz habt und alles gut funktioniert. Da braucht ihr euch keine Sorgen zu machen, in den buckligen Alltag kommt ihr schon noch früh genug.«

Wir fahren viel auf mehrspurigen Straßen geradeaus und bekommen dabei ein Gefühl für den Bus und seine Technik. Ein Doppeldecker ist erstaunlich weich und wonnig zu fahren. Er reagiert auf den kleinsten Druck des Gaspedals genauso prompt wie auf jedes Bremsen oder Lenken. Aber seine Größe ist für uns ein Problem. Wir vergessen ständig, dass wir zwölf Meter Bus hinter uns haben. Noch schwieriger ist es, vier Meter und fünf Zentimeter in die Höhe zu denken, zu lenken. Und die Breite ist ebenfalls neu – unsere Außenspiegel sind groß wie Elefantenohren, nur leider überhaupt nicht so beweglich.

Anita ist Fahrlehrerin aus Leidenschaft. An ihren freien Tagen arbeitet sie oft als Linienbusfahrerin. Wir spüren ihre Lust am Lehren und profitieren davon. Sie fackelt nie lange und schickt uns sofort nach der kurzen Eingewöhnungsphase auf Tour. Conny ist es gewohnt, auf der Straße zu sein, sie war selbstständig mit ihrem Taxi und deswegen immer unterwegs. Sie ist eine stille, zierliche Frau in den Fünfzigern. Conny sitzt mit einer besonderen Selbstverständlichkeit hinter dem Steuer. Ihr Ehrgeiz, gleich alles richtig zu machen – »weil ich es kann« –, ist riesig. Kaum auf dem Fahrersitz allerdings flucht sie wie ein Bierkutscher, wenn ihr eine Aufgabe nicht gleich gelingt. »Hört ja keiner, wenn ich hier motze«, sagt sie, »und ihr verratet mich nicht, sonst brennt die Luft!«

»Nächste Möglichkeit biegst du links ab«, sagt Anita und lächelt fast. Conny rutscht aufgeregt hin und her und sucht mit großen Augen die Wegstrecke vor ihr ab. »Du meinst aber nicht das Nadelöhrchen da vorne, oder!?«, fragt sie. »Immer rin da«, muntert Anita sie auf, »und denk dran, dich dick zu machen, jetzt schon, nimm dir beide Fahrbahnen, sonst flutscht das nicht!«

Nun, wir wissen ja, wie es weitergeht.

Schon wenige Fahrschultage später sind wir die absoluten Profianfängerinnen und gehen cool mit allem um. Zu cool, findet die gestrenge Anita oft und holt uns mit klaren Anweisungen zurück auf den Asphalt: »Mehr reeeechts! Du knallst voll gegen den Baum – pass auf!«, schreit sie Roswitha an, die mal eben kurz und cool vergessen hatte, dass der Doppeldecker vier Meter fünf hoch ist und die dicken Platanen, die wie alte Verwandte an vielen Straßen der Stadt stehen, ihre knubbeligen Äste schützend über die Straßen wachsen lassen. Roswitha steht kurz vor einem Herzanfall und will nur noch raus aus dem Bus. »Nichts da, du bleibst hocken und fährst weiter. Ist ja noch mal gut gegangen«, sagt Anita. »Außerdem war's lustig, wie die beiden dahinten hochgeschreckt sind. Hast du ihre Gesichter gesehen? Traumhaft!« – »Albtraumhaft, ich hab mir fast in die Hose gemacht vor Schreck«, schreit Conny aus den Tiefen des Busses. Tatsächlich waren wir beide ein kleines bisschen eingenickt und behaupten nun, nie unsanfter in einem Bus aufgeschreckt zu sein. »Ich will sofort meinen Fahrpreis zurück«, beschwere ich mich. »Während der Fahrt nicht mit der Fahrerin sprechen«, kontert Roswitha trocken.

Ich gieße mir einen schwarzen Kaffee ein – die Thermoskanne kommt immer mit – und genieße es, wie der Duft durch den ganzen Innenraum zieht. »Das nenne ich starke Argumente für einen Halt«, kräht Anita fröhlich und steckt ihre Nase mitten rein in meinen Kaffeebecher. »Los, fahr schneller, Roswitha!«

Viel zu kurz ist die Pause, die wir Schülerinnen vor allem im Waschraum zubringen, schon bin ich wieder dran. Anita weist mich besonders auf die Gefahren hin, die über uns lauern: schräg gewachsene Bäume, dicht am Bürgersteig stehende Masten, Laternen, ausladende Ampeln, niedrige Brücken, riesige LKW-Aufbauten, Werbeschilder.

»Guck mal, da zum Beispiel, die Bäume vor uns haben alle helle

Markierungen. Siehst du?« Unsere Fahrlehrerin zeigt mit dem Finger auf die Bäume links und rechts der vierspurigen Straße. Und zum ersten Mal sehen wir nicht nur den Baum mit seinem Stamm, den Ästen und Blättern und denken an den Schatten, den er spendet, an das schöne Licht, das seine Blätter auf den Bürgersteig sprenkelt. Die weißen Markierungen weisen darauf hin, dass der Baum an diesen Stellen in den Straßenbereich gewachsen ist und wir auf entsprechenden Abstand achten müssen. Für unseren hohen Doppeldecker können auch die oberen Stämme und Äste der Bäume gefährlich werden. Die weiße Farbe dort beachtet ein PKW-Fahrer nicht, eine Busfahrerin aber muss neben der Umgebung vor, hinter und neben sich auch immer die Höhe im Auge behalten und mögliche Hindernisse frühzeitig beachten. Wir erkennen die ungesehene Gefahr. Baum und Bus kommen sich in der Höhe zu nahe. »Deswegen wechselt der M19er dauernd die Spur«, rufe ich. Mir wird plötzlich vieles klar. So oft habe ich mich geärgert, wenn ein Doppeldecker vor mir grundlos nach links wechselte – jetzt sehe ich mit neuem Blick und erkenne, fast ein bisschen enttäuscht: Die Busfahrer wollen uns gar nicht ärgern, ihnen stehen die Bäume im Weg!

Am späten Nachmittag radele ich zum Kurfürstendamm und beobachte Busse und Bäume ganz genau. Die Herausforderung, weder einen Baum zu beschädigen noch einen Bus zu zerbeulen, ist groß. Mit der Erkenntnis meldet sich der Ehrgeiz: Ich möchte diesen Hindernissen elegant und sicher ausweichen, dabei aber keinen Zentimeter verschenken. Vielleicht erzähle ich das besser nicht meiner Fahrlehrerin.

Auch für den Busführerschein braucht man viele Pflichtstunden. Eines sehr frühen Morgens fahren wir mit dem Zwölfmeterbus zum Schiffshebewerk nach Niederfinow. Anita hat dort ein kleines Rendezvous mit Herbert, dem Fahrlehrer einer Parallelgruppe, verabredet. Wir wollen uns zur großen Pause am Schiffshebewerk-Restaurant treffen. Da jedes Busmodell andere Fahreigenschaften hat, wechseln wir tageweise vom Doppeldecker zum Zwölfmeterbus und ganz zum Schluss auch in den knapp neunzehn Meter langen Gelenkbus.

In den Stunden zwischen Nacht und Tagesanbruch lenke ich auf schwach beleuchteten Wegen raus aus der Stadt, auf Bundesstraßen und Autobahnen. Die Geräusche, die ein quasi leerer Bus macht, wenn er mit achtzig Stundenkilometern durch die Welt rumpelt, sind unerhört: sehr laut, sehr ursprünglich. Es gibt nichts Vergleichbares, und mir tun alle Autofahrer leid, die durch immer ausgefeiltere Technik und Karosserieausbauten das wirkliche Fahrgefühl niemals kennenlernen werden. Als Busfahrerin bin ich unmittelbar mit der Umgebung verbunden, spüre die Straße, fühle die Strecke, höre den Fahrtwind. Hinter mir rattert und quietscht die Inneneinrichtung ein Lied, dessen Strophen noch niemand aufgeschrieben hat.

Die überwältigende Schönheit eines Sonnenaufgangs in unbebauter Landschaft, links und rechts nur Felder, Wiesen und Wälder, ist mein tägliches Wunder. Erst färbt sich der Horizont ganz leicht und luftig von nächtlichem Schwarz zu einem feinen Grün und Gelb, dann flammt der Himmel auf in ein neues, immer einmaliges Farbspektakel, das alles Grau und Schwarz frisst. Im Rückspiegel verabschiedet sich die letzte Nacht. Ich fahre die leere Straße entlang, mitten hinein in das Farbenmeer, wir sind ganz allein in der Welt, der Bus leuchtet uns den Weg, und plötzlich fliegen Kraniche über uns hinweg. Ihre Flügel schwingen wie Herzschläge eines großen Versprechens, ihre Schatten streifen meine Hände, die sich fest verbunden fühlen mit dem Lenkrad, mit der Natur, der Technik, meinem Atem und, ganz schlicht und einfach, dem Universum. Sie überholen uns, fliegen vor mir her, wechseln dann die Richtung und verschwinden im Morgenrot. Ihre Rufe verhallen im Fahrtwind.

Trotz allem Staunen, trotz der einzigartigen Erfahrung bin ich jedes Mal froh, abgelöst zu werden und mich auf einen harten Sitz hinten im Bus fallen zu lassen. Dort gieße ich mir heißen Kaffee ein und schaue sprachlos aus dem Fenster. Niemals hätte ich gedacht, dass die Entscheidung, zur BVG zu gehen, solche Naturschauspiele beinhaltet.

Schnell wie der Wind beginnt der Tag, bringt Hitze, Staub, Fliegen, gleißendes Gegenlicht und viel Verkehr. Wir sind alle erschöpft und sehnen uns nach der Pause.

Auf dem Parkplatz des Schiffshebewerks entdecken wir schon von Weitem den gelben Bus der anderen und freuen uns auf das Wiedersehen. Herbert sitzt mit seinen Schülerinnen am langen Holztisch, einen großen Teller mit Wurst und Kartoffelsalat vor sich, und winkt mit mayonnaisebeschmierter Gabel. »Da seid ihr ja endlich. Wie lahm ist eure Truppe – wir warten schon seit acht Minuten!« Anita klopft ihm freundschaftlich und dennoch fest auf den Rücken und verschwindet erst mal.

Wir geben uns alle die Hand – Sonja, Katja, Erika und Bibi.

Katja erzählt: »Das war knapp – ich glaub, ich schmeiß hin. Wenn Herbert nicht gewesen wäre ... mein Steppke müsste sich seine Stullen wohl selber schmieren.« Wir starren den Fahrlehrer an. »Ach was, Katja übertreibt mal wieder«, wiegelt er ab, aber wir sehen den Schreck in seinen Augen. »Sie ist von der Straße abgekommen, richtig schön rin in den Schotter am Straßenrand.«

Wir schauen uns ratlos an – ist das so schlimm, mal ein bisschen vom Weg abzukommen? »Wagt es nicht! Euer Bus schmiert euch in der Geschwindigkeit in Nullkommanichts weg, und wenn ihr Pech habt, bleibt ihr nicht auf der Seite liegen, sondern erst auf dem Dach.«

Dass Busfahren nicht mit Autofahren zu vergleichen ist, wird uns in solchen Momenten besonders klar.

Anita kommt zurück mit einem riesigen Teller voller Kartoffelsalat und Bouletten. Bei der Hitze! Ich krame meine Stullen aus der Handtasche.

»Erzähl mal, Bibi. Was gibt's Neues?« Bibi winkt ab. »Biste wieder durchgefallen?«

»Ich hatte sogar zwei Punkte weniger als bei der ersten Prüfung«, sagt sie verzweifelt. »Der Chef hat gesagt, ich soll den Fahrunterricht mitmachen. Wenn ich bis zur Fahrprüfung die theoretische Prüfung bestanden habe, ist alles gut.« Über das »und wenn nicht?« reden wir nicht. Sonja und Erika mischen sich ein: »Ihr habt es gut, ihr seid nur zu dritt. Das ist so nervig, manchmal fahr ich nur 'ne halbe Stunde, wie soll man da was lernen!?«

Erika meckert noch mehr, aber sie wird leise dabei. »Muss ja nicht jeder alles hören«, sagt sie mit Blick auf Herbert. »Der mag mich nicht, der hat seine Lieblinge und da gehöre ich nicht dazu.« Katja nickt. »Wenn Bibi oder Sonja Fehler machen, ist alles spitze, er erklärt ihnen alles, und dann machen sie es halt noch mal. Aber wenn Katja oder ich was nicht gleich kapieren, dann stöhnt der wie so ein angestochener Seehund und verdreht ganz tragisch die Augen.«

»Zu mir hat er gesagt, ich fahre die ersten zwei Stunden, aber dann war es nur eine Dreiviertelstunde.«

»Ist doch klar, dass wir zu viert nicht so oft ans Steuer kommen wie ihr zu dritt. Ich finde das voll ungerecht!«, sagt Sonja.

An dem Punkt unterbrechen Herbert und Anita unsere Gespräche, wir klettern in unsere Busse und verabschieden uns vom Schiffshebewerk mit einer ordentlichen Staubfahne.

Die nächste Woche beginnt mit einer Überraschung: Wir haben einen neuen Fahrlehrer, Klaus Berg. Anita, die wir so lieb gewonnen haben, muss für einen erkrankten Kollegen einspringen. Herr Berg hat erst bei der NVA, dann bei der Bundeswehr gedient und gearbeitet. Er bevorzugt auch im Zivilleben eine korrekte Haltung, einen ordentlichen Haarschnitt und eine freundliche, aber knappe Sprache. Er ist viele Jahre jünger als wir.

Als Erstes lernen wir das sogenannte Überhangfahren. Ein kurzer Blick unter den Bus zeigt, worum es in diesen Lehrstunden geht: erst ganze 1,50 Meter hinter der »Schnauze« befinden sich die Vorderräder. Diesen Leerraum unter der Fahrerkabine nennt man Überhang. Wir müssen jetzt mutig sein und üben, wie die 1,50 Meter Leere unter uns sinnvoll zu nutzen sind, beim Abbiegen und anderswo. Herr Berg dirigiert uns zu geeigneten Biegungen, Straßen, die in ihrer Kurve oder Abbiegung eine breite Pflasterung auf der Gehwegseite haben. Wir müssen dort mit dem Überhang unter uns arbeiten. Es kostet Überwindung, ohne jede Sicht den Bordstein zu überfahren – aber es klappt. Allerdings darf der Bordstein nicht höher als der Überhang sein, und um dafür ein gutes Auge zu bekommen, müssen wir es oft üben.

Manche Ängste scheinen in uns festgewachsen zu sein. Ich sitze völlig verspannt hinter dem Steuer und muss diese seltsame Befürchtung, abzustürzen, unterdrücken. Herr Berg macht knappe Bemerkungen und dadurch Mut. »Wenn Sie schwören, dass ich hier nicht abstürzen kann, dann glaube ich Ihnen das eventuell gleich«, sage ich. Vor mir liegt ein großer Wendekreis mit kleiner Mittelinsel, die ich mit dem Überhang ausnutzen soll, ja, muss. Und so sehe ich fassungslos zu, wie die Mittelinsel unter mir verschwindet, immer weiter, nicht mehr zu sehen ist. Alles in mir schreit: »Nein, ich fahre nicht diese mörderischen Klippen hinunter!« Ich lenke weiter nach links, der Bus folgt mir wie ein braves Hündchen, legt sich in die Biegung, lässt die Mittelinsel unberührt.

»Gut gemacht. Und genau das machen Sie nun gleich noch einmal. In der Wendeschleife drehen und dann mit Überhang abbiegen. Und es wäre nahezu perfekt, wenn Sie dafür nicht wieder zehn Minuten bräuchten.«

Auf dem Heimweg von dieser Fahrstunde streiten wir uns. Während Conny der festen Überzeugung ist, gar nichts zu können und schon gar nicht Überhangfahren, denkt Roswitha immerhin, wir können alle drei ein kleines bisschen, aber lange nicht genug. Ich vertraue dem Urteil des Fahrlehrers: »Herr Berg hat uns gelobt. Er war mit uns zufrieden, hat er gesagt. Das wird schon so sein, er hat schließlich die Erfahrung.«

Am nächsten Tag ist meine Autobahnfahrt an der Reihe. Jede Fahrschülerin muss gesetzlich festgelegte Stunden auf der Autobahn und in der Nacht nachweisen.

Es ist anstrengend. Der ständige Lärm des Busses, die ununterbrochene Aufmerksamkeit, die unbedingt nötig ist, selbst beim sturen Geradeausfahren auf der rechten Spur, fordert alle Energie. Die vielen LKW, die auf den rechten Spuren der Autobahnen leben, kann ich nicht überholen, im Gegenteil, sie überholen mich in rasanten Manövern und werfen muntere, anzügliche Gesten durch die Seitenfenster, sobald sie entdecken, dass eine Frau am Steuer sitzt. Da Bus und LKW auf ungefähr gleicher Höhe sind, sehe ich in den Sekunden der Seitenblicke viele verstörende Dinge: LKW-Fahrer, die in aller Seelenruhe Zeitung lesen, Kreuzworträtsel lösen, stricken, fernsehen, essen.

Umso mehr schätze ich die Atmosphäre in meinem Bus. Conny und Roswitha haben es sich in einem Viererabteil gemütlich gemacht und nutzen die Zeit, um gemeinsam zu lernen. Das Innenlicht ist auf das notwendige Minimum gedimmt, der Verkehr nimmt mit jeder Stunde ab, hin und wieder leuchtet eine Tankstelle sternenhell.

Neben mir sitzt Herr Berg und erläutert alles. Jede Kennzeichnung der Straße, jede Barke, jedes Schild, alles. So sympathisch er ist, so korrekt ist er auch. Von Anfang an stellt er bei jedem Schild die gleiche Frage: »Was bedeutet dieses Verkehrszeichen?« Und wenn ich bei einem Stoppschild antworte: »Es sagt mir: stopp«, reicht ihm das nicht. »Wo müssen Sie stoppen, wie lange müssen Sie halten? Warum müssen Sie stoppen?«

Auf dem Weg zur Autobahn fragt er bei jedem Hinweisschild: »Haben Sie das Hinweisschild gesehen? Was bedeutet es? Woher wissen Sie, wo es zur Autobahn geht? Was haben Sie auf der Autobahnauffahrt zu beachten? Wie ist der Beschleunigungsstreifen zu benutzen?«

Eine ganze Weile lang antworte ich ihm auf jede Frage ausführlich und mache mir oft einen kleinen Spaß daraus. »Dieses weiße Schild da mit dem runden Ring in Rot? Das kenne ich gar nicht. Ist das neu? Soll ich da mal langfahren, Herr Berg?« Herr Berg kennt diese Art des Humors nicht und erteilt mir strenge Befehle.

Aber nun übertreibt er es und ich erinnere ihn daran, schon wesentlich länger erwachsen zu sein, den Führerschein seit vielen Jahren zu besitzen, jedes Verkehrsschild vieltausendfach gesehen und beachtet zu haben, sicherlich auf mehr Autobahnen gefahren zu sein als er und einen mittlerweile sehr dünnen Geduldsfaden zu besitzen.

Für ein paar Minuten ist Stille im Bus. Dann kommt ein großes Schild mit den nächsten Orten und deren Abfahrten in Sicht und ich höre, wie er zur Erklärung ansetzt und den Mund dann lautlos wieder schließt. Ich merke, wie schwer es ihm fällt.

Um ihm eine Brücke zu bauen, frage ich ihn nach seiner Karriere.

Wie ist er zur BVG gekommen? Und tatsächlich ist damit das Eis gebrochen. Herr Berg wechselt sogar vom Thema Beruf zum Thema davongegangener Liebe. Als Berufssoldat lernt Mann auch, Gefühle ganz nach unten in den Rucksack zu packen und alles andere fest obendrauf zu verschnüren. Ich kann ihm ein paar fundierte Ratschläge und hilfreiche Tipps geben.

Unsere Nachtfahrt ist hundertfünfundfünfzig Kilometer lang, Conny und Roswitha schnarchen längst leise, ihre Notizen und Bücher wehen malerisch im Fahrtwind um sie herum. Herr Berg bittet mich, den nächsten Parkplatz anzusteuern und dort auf einem Busparkplatz zu halten. Auf dem Weg dorthin weist er mich auf jedes Verkehrsschild hin, fragt, was die jeweiligen Symbole bedeuten und woran ich eine Ausfahrt zum Parkplatz erkenne. Ich beantworte jede Frage und baue zwei kleine Fehler ein, damit er sich freut.

Am nächsten Morgen ruft Roswitha mir in der Verkehrsakademie schon von Weitem zu: »Hast du es schon gehört?« Ich habe geschlafen und weiß von nichts. »Wir haben wieder einen neuen Fahrlehrer«, sagt sie und verdreht die Augen. Diese häufigen Wechsel der Ausbilder sind für uns eine zusätzliche Belastung. Jeder Fahrlehrer, jede Fahrlehrerin hat ganz eigene Methoden und Macken.

Der neue Lehrer erwartet uns vor dem Büro, sagt statt eines »Guten Morgen« oder auch »Hallo, ich bin der Herr Kowalski, Ihr neuer Fahrlehrer; auf eine gute Zusammenarbeit« nur sehr streng: »In zehn Minuten treffen wir uns vor dem Bus.«

Wir beeilen uns, pinkeln schneller als sonst, Roswitha raucht nur eine halbe Zigarette, Conny beißt in ihre Schrippe, ohne sie extra aus der Tüte zu holen: »Damit spare ich ein paar Sekunden und kann länger kauen, los, lasst uns gehen, der scheint es richtig ernst zu meinen mit diesen zehn Minütchen.«

In der Tat, Herr Kowalski steht vor dem Bus und schaut auf seine

Uhr. Wir besteigen den Bus, er verriegelt die Türen, befiehlt: »Fenster zumachen und herkommen«, und nimmt auf seinem Fahrlehrerstuhl Platz. Conny eilt durch den Bus und schließt die Fenster, ich tausche mit Roswitha einen fragenden Blick.

Wir sind jetzt eingeschlossen, ein unangenehmes Gefühl.

»Sie treten einzeln vor, sagen Ihren Namen und zeigen mir den Führerschein. Wer seinen Führerschein nicht dabeihat, für den ist die Fahrstunde hier beendet.«

Conny kramt in ihrer Handtasche, stellt sich vor. Herr Kowalski mustert ihren Führerschein, vergleicht das Foto eingehend mit ihrem Gesicht. Ich erinnere mich unvermittelt an die alten Zeiten, als wir Berliner aus dem Westen durch die Grenzkontrolle mussten, um die Verwandten im Osten zu besuchen.

Nun bin ich an der Reihe und frage ihn: »Wie heißen Sie denn eigentlich?« Das bringt ihn durcheinander, er hustet, starrt mich an. Ich starre freundlich zurück. »Für Sie bin ich Herr Kowalski. Und wenn Sie glauben, Sie können hier ohne gültigen Führerschein mitmachen, muss ich Sie enttäuschen.«

»Erst mal muss ich Sie enttäuschen, Herr K.«, denke ich und reiche ihm höflich mein Dokument.

Er stellt klar: »Hier herrschen meine Regeln. Alle sitzen vorne, keiner schreibt, liest oder macht sonst was. Alle hören zu, wenn ich was sage. Gegessen wird nur in den Pausen außerhalb des Busses. Teilen Sie sich Ihre Bedürfnisse gut ein, wir halten nämlich nicht an jeder Ecke, nur weil eine mal muss. Dieses Mädchengetue zieht bei mir nicht. Geredet wird nur, wenn es um Fragen des Fahrens geht. Frau Meyer, Sie fangen an.«

Conny stellt sich den Sitz ein und macht sich bereit zur ersten Fahrstunde mit Herrn Kowalski.

»Heute will ich nur sehen, wie weit Sie sind«, knurrt er uns an.

Conny findet das ganz o.k., sie macht, was er sagt. Roswitha und ich werden nach ihr überprüft. Abschließend fällt Herr Kowalski zufrieden sein Urteil: »Das habe ich mir gedacht: Sie können nichts.«

Wir fallen aus allen Wolken, beginnen, nachzufragen – aber das mag er nicht. »Geplapper bringt uns nicht weiter. Konzentration.«

Er quält uns durch alle einspurigen Kreisverkehre, denn nie machen wir es richtig. Das Befahren eines Kreisverkehrs ist für einen Omnibus ein ausführlicheres Manöver. Man muss den Überhang ausnutzen und darf weder zu früh noch zu spät einlenken. Autofahrer reagieren oft über alle Maßen ungeduldig, wenn vor ihnen ein Bus nicht in Nullkommanichts aus dem Kreisverkehr fährt. Bisher waren alle Fahrlehrer zufrieden mit unserem Umgang in diesen runden Verkehrsführungen. Aber der Herr Kowalski ist empört und echauffiert sich mit jedem Kilometer mehr über unser Unvermögen.

Nachdem ich zum dritten Mal alles verkehrt gemacht habe, halte ich am Straßenrand, stelle den Motor aus und nehme allen Mut zusammen: »Herr Kowalski, ich bin vielleicht zu blöd für Kreisverkehre, aber wer weiß?« Die kleine Pause, die ich lasse, sagt genug. »Setzen Sie sich doch bitte mal hinter das Steuer und fahren Sie den Kreisverkehr, damit ich es kapiere.« Die anderen stimmen meinem Vorschlag zu, denn auch ihnen schwirrt mittlerweile der Kopf.

Das gefällt ihm!

Mit sehr breiten Schultern umfasst er das Lenkrad und zeigt uns Frauen mal, was eine Kurve ist.

Wir entdecken keinen Unterschied. Er schwebt auf Wolke sieben und zeigt es uns noch einmal. Jetzt fällt bei mir der Groschen: Es gibt nur einen Weg, und das ist seiner.

Nach acht Stunden hat er ein Ziel erreicht: Wir sind völlig verunsichert.

Weitere verwirrende Tage später reagieren wir unterschiedlich auf seine Art. Conny findet ihn immer noch o.k.: »Der labert nicht und gibt klare Ansagen.« Roswitha findet ihn so so lala: »Der hat sie doch nicht mehr alle!« Und ich überlege, ein ernsthaftes Gespräch unter sechs Augen zu suchen, mit ihm und dem Leiter der Verkehrsakademie.

Doch scheinbar hat unser Grüppchen nun doch irgendetwas richtig gemacht: Der strenge Meister plant die nächste Strecke so, dass wir zur Mittagszeit in der, wie er sagt, allerbesten Kantine der Stadt das leckerste Bauernfrühstück genießen können. Dieses Bauernfrühstück gibt es nicht jeden Tag. Er freut sich immer schon lange vorher auf diesen kulinarischen Höhepunkt.

»Und nun hopp, Schluss mit Schminken, wir fahren los. Ich habe extra nicht gefrühstückt.« Herrn Kowalski läuft sichtbar das Wasser im Munde zusammen.

Mit den üblichen Bemerkungen über unseren grottenschlechten Fahrstil parken wir pünktlich zum Mittag vor der Polizeikantine ein.

Sie hat einen Pförtner, wir werden registriert und tauchen dann ein in die Welt der Genüsse. Die Kantine hat den Charme einer unrenovierten Bahnhofsvorhalle, in die jemand versehentlich Tische und Stühle gestellt hat, vor langer Zeit. Ich lasse meinen Blick schweifen, immer auf der Suche nach ein bisschen Schönheit... aber vielleicht ist das Essen ja wirklich so über alle Maßen köstlich und wiegt alles andere auf?

Ein Bauernfrühstück ist fein an kalten Tagen, nach langen Stunden voller Gartenarbeit. Wir stöhnen aber immer noch unter der Hitzeglocke, die Berlin seit Wochen fest im Griff hat. Ich bin nicht in der Lage, einen großen Teller voller Bratkartoffeln, Zwiebeln, Speck und Eiern zu essen, und hole mir einen kleinen Salat. Mein Fahrlehrer schnaubt verächtlich, als er das sieht. Doch mich interessieren die anderen Gäste im Raum viel mehr als sein Missfallen über meine Essenswahl. Unauffällig beobachte ich die vielen Polizisten. Nehmen sie ihr Werkzeug zum Essen ab? Legen sie Schlagstöcke, Handschellen, Waffen auf einen freien Stuhl neben sich, bevor sie in ihre Currywurst beißen?

Auch meine beiden Kolleginnen sind schnell satt und lassen viel zurückgehen. Herr Kowalski hat nichts anderes erwartet und schlürft zufrieden schmatzend die letzte Gurke von seinem blanken Teller.

Auf dem Rückweg sitzt Conny am Steuer. Ob es am Bauernfrühstück in ihrem Magen liegt oder an Brause, die darübergluckert – sie versteht plötzlich unsere Empörung. Herr Kowalski bellt ihr Befehle ins Ohr, die sie nie so ausführt, wie er das will. Und zwar nicht, weil sie den Bus nicht längst ganz passabel durch die Straßen der Stadt bugsieren könnte, sondern weil es nicht in sein Weltbild passt, dass wir drei genauso gut oder schlecht Bus fahren wie seine männlichen Schüler. Conny kann sich so viel Mühe geben, wie sie will, sie kann seine Misogynie nicht aufbrechen.

Zurück in der Verkehrsakademie parkt sie den Bus korrekt rückwärts in die Parkbucht und geht mit uns in den ersten Stock auf die Toilette. Sie weint bittere Tränen. Wir trösten sie, aber ihr plötzliches Verstehen ist so elementar und niederschmetternd, dass sie noch lange mit uns darüber reden muss.

Mitten in die Routine von Fahr- und Sachunterricht platzt die Meldung: »Schnell, schnell, der Gelenkbus steht uns kurzfristig zur Verfügung!«

Wir lassen alles stehen und liegen, um das Rückwärtsfahren mit dem knapp neunzehn Meter langen Gefährt zu lernen. Dieser Bustyp ist toll: wendig und lustig. In jeder Kurve sehen wir im Rückspiegel dem langen Ende zu und haben schnell den passenderen Namen gefunden: Schlenki, der Schlenkerbus. Auch mit diesem Lindwurm müssen wir rückwärts um die Ecken fahren können, und das üben wir jetzt mit viel Begeisterung auf einem geeigneten Platz auf dem Betriebshof. Während ich in den rechten Rückspiegel schaue, um das Ende im Auge zu behalten, muss ich nach links lenken. Dabei soll das Busende irgendwann – möglichst schnell – im linken Seitenspiegel auftauchen. Um abzubiegen, muss ich also mehrmals gegen den Verstand steuern. Das ist nicht nur anstrengend, sondern auch irgendwie lustig. Mir wird schwindelig beim gleichzeitigen Seitenwechsel des Vorder- und Hinterteils meines Busses.

»Wer das kann, dem gebührt jeder Respekt!«, ruft der Fahrlehrer und teilt unser Vergnügen und unsere Erfolge.

Was haben wir für ein Glück: Wir hatten erneut einen neuen Fahrlehrer bekommen. Unsere kleine Gruppe atmet hörbar auf. Die neue Unsicherheit, die uns Herr Kowalski so vehement eingebläut hat, muss »der Neue« jetzt mit allen Konsequenzen wieder rückgängig machen. Als Erstes fährt Herr Zehner mit uns zu den Kreisverkehren im Umland. Wir üben und üben und sind am Ende des Tages tatsächlich wieder in der Lage, ganz normal und sicher jeden noch so engen Kreisverkehr zu befahren.

Er lässt uns jetzt die Wahl, was wir noch üben und lernen möchten, denn fast alle Pflichtstunden sind abgestempelt. Nun geht es um das Feintuning und die Verfestigung des Erlernten vor der immer näher kommenden Fahrprüfung. Wir sind uns schnell einig: Das Anfahren der Haltestellen und das Abbiegen in engen Kreuzungen möchten wir üben. Doch bevor wir damit beginnen, wechseln die Fahrlehrer schon wieder. Wir bekommen kurzfristig wieder Anita zugeteilt, und die Freude ist groß.

Am Morgen wartet sie schon vor dem Doppeldecker und begrüßt jede mit Handschlag. Unser diesmaliger Bus hat eine Spezialausstattung für den Verkehrsunterricht mit Schulklassen und Kindergartengruppen. Im Oberdeck haben die Sitzreihen alle einen Tisch, im Unterdeck hockt ein riesiger Teddybär und grinst uns breit an.

Wir üben das An-und Abfahren an Haltestellen und Haltebuchten. Sehr oft kommt es dabei zu realen Begegnungen mit Leuten, die auf ihren Bus warten und denken, wir seien das.

Obwohl der Fahrlehrstuhl direkt vor der vorderen Tür jedes Einsteigen unmöglich macht und jeder Fahrgast eigentlich wissen sollte, dass niemals zwei Menschen vorn am Lenkrad sitzen, gibt es immer wieder welche, die versuchen, über Anitas Schoß zu klettern oder sich zwischen den Stühlen durchzuquetschen. Auch passiert es, dass Fahrgäste in den Mitteltüren einsteigen, den riesigen Teddy entweder gar nicht wahrnehmen oder, als geborene Berliner, einfach ignorieren und sich den besten Sitzplatz suchen. Diese Leute wieder hinauszubugsieren ist nicht so einfach.

»Nein, ich möchte Ihre Fahrkarte nicht sehen, ich bin nicht Ihr Bus.«

»Nein, Sie können nicht bis zur übernächsten Haltestelle mitfahren, ich bin kein Linienbus.«

»Nein, ich kann keine Ausnahme machen, ich bin ein Fahrschulbus und darf gar keine Fahrgäste befördern.«

»Nein, auch nicht, wenn die so nett sind wie Sie, tut mir leid.«

»Sie können sich gerne beschweren, aber ich bin trotzdem ein Fahrschulbus und Sie müssen wieder aussteigen.«

Auf unser Display hat Anita »Teddybär Krankenhaus« eingegeben. Aber selbst dieser Hinweis hält nicht von Verwechslungen ab.

»Nein, wir sind nicht der X33, wir sind ein Fahrschulbus. Was steht vorne auf dem Display?« Ein paar Wartende lesen sorgfältig und kommen dann wieder. Einige lachen und wünschen uns »Gute Fahrt und viel Erfolg!«. Andere schimpfen: »Und warum halten Sie dann hier? Das ist doch nicht normal!«

Unsere ersten Kundenkontakte gestalten sich also wie erwartet.

Die letzten Tage in der Fahrschule verbringen wir mit Herrn Zehner. Er hat ein gutes Gespür für unsere Lücken und eine angenehme

Art, uns unterstützend zur Seite zu sein. Ich entdecke das befriedigende Gefühl, die große Maschine im Griff zu haben, neu. Jeder Bustyp liegt uns mittlerweile gleich gut unterm Hintern, aber jede hat doch ihren ganz speziellen Liebling. Für Roswitha ist der Gelenkbus absolut unübertroffen. »Der fährt sich so schön leicht und es ist genial, wie ich das Hinterteil hinter mir herziehe.« Conny hingegen mag den normalen Bus. »Nichts geht über den ganz normalen Zwölfmeterbus. Der macht keine Sperenzien, der fährt schlicht und leicht, und ich hab den voll im Griff. Ist fast wie Taxi fahren, nur noch eine Ecke schicker.« Und für mich geht nichts über den Doppeldecker: »So ein Riesending und fährt sich wie eine Buttercremetorte, weich, sanft, zuverlässig. Ich wünsche mir einen eigenen Doppeldecker zu Weihnachten!« Die anderen lachen.

Herr Zehner guckt ein bisschen skeptisch. »Nicht zu viel Enthusiasmus, bitte. Sie müssen immer im Kopf haben, dass eine ungeheure Verantwortung auf Ihnen lastet, Tag für Tag, Meter für Meter. Eine winzige Unachtsamkeit von Ihnen kann andere ins Krankenhaus oder sogar auf den Friedhof bringen. Damit müssen Sie dann ganz alleine klarkommen. Diese Busse sind alle sehr viel stärker, als es den anderen Verkehrsteilnehmern bewusst ist. Kein Autofahrer bedenkt die vielen Fahrgäste, die im Bus stehen und bei einer plötzlichen Bremsung durch den Bus geschleudert werden können. Ein Fahrradfahrer hat überhaupt keine Chance, daran denkt er aber nicht, wenn er Sie links oder rechts überholt, sie schneidet oder vor Ihnen abbremst. Von den Fußgängern möchte ich gar nicht reden. Sie tragen die Verantwortung auf der Straße. Und Sie sind ganz auf sich allein gestellt dabei.«

Seine ernsten Worte treffen mich tief. Auch Roswitha und Conny lachen nicht mehr. Wir wissen mittlerweile, wie gewaltig unser zukünftiger Beruf ist. Aber alles in aller Bandbreite einschätzen, das können wir noch nicht.

Zum Abschied geben wir unserem Fahrlehrer an diesem Tag die Hand, wir bedanken uns für seine ehrlichen Worte. Der Respekt, den wir ihm entgegenbringen, hat Hand und Fuß. Insgeheim denken wir das Gleiche: So einen Vorgesetzten, so einen Lehrer und Kollegen kann man nicht mit Gold aufwiegen. Hoffentlich treffen wir auf so einen in unserer beruflichen Zukunft.

4. Haltestelle

Wir sind die Königinnen der Straße

Wie von Zauberhand notiert hängen plötzlich die Termine für die Fahrprüfungen in der Verkehrsakademie. Verteilt auf mehrere Tage werden wir in kleinen Gruppen zusammengepackt. In unserer Gruppe wird zuerst Roswitha geprüft, Conny und ich kommen am darauffolgenden Tag an die Reihe. Das ist zwar schade, denn zusammen sind wir stark, aber letztendlich sitzt jede ganz für sich allein hinter dem Lenkrad.

Viele der Kolleginnen denken anders über diese Terminvergabe, jede anständige Berlinerin weiß, was sich gehört: erst mal ordentlich meckern, dann sehen wir weiter. Das macht auch viel mehr Spaß und man fühlt sich später einfach besser. »Warum muss ausgerechnet ich an diesem Tag um diese Uhrzeit in dieser Gruppe ...«. – »Ich kann da nicht ...«. – »Ich will da nicht ...«. – »Ich kann mit der nicht in einem Bus sitzen ...«. – »Nee, also wirklich nee, das geht ja mal gar nicht ...«. – »Kann man da nicht tauschen?«

Unsere Verkehrsakademieleitung ist das natürlich gewöhnt, sie machen es ja ganz genauso, nur eben nicht heute:

»Tut uns leid, aber bei solch großen Prüfungsgruppen geht das nicht anders. Gutes Gelingen! Diejenigen, die noch Fahrstunden offen haben, finden ihre Zeitpläne auf dem Bogen dort hinten.«

Erst einmal aber plagt uns noch einmal die Theorie. Wir treten an für den »Abschlusstest ÖPNV-Schulung VBB-Test«. Diese Prüfung ist eine Lernkontrolle, denn natürlich muss eine Busfahrerin aus dem Effeff, im Schlaf und unter allen anderen Umständen wissen, was ein Fahrschein kostet, was ein Touristenticket beinhaltet, was alles auf einem Ticket steht und wie man es liest. Wir müssen den Bordcomputer bedienen können, codierte Meldungen absetzen und den täglichen Fahrtbericht schreiben.

Am Tag zuvor haben wir mit dem Ausbilder geübt. Er hat uns den guten Tipp mitgegeben, einfach alles im Kopf zu behalten. Solche selbstverständlichen Informationen wirklich zu beherrschen ist im Alltag hilfreicher, als in der Theorie vermutet. Wir erreichen alle das Lernziel. Bibi freut sich ganz besonders.

Danach beginnt das große Warten auf den Schicksalstag. Ich habe noch zwei Fahrschulzeiten offen und bekomme die Gelegenheit, mit einem weiteren Lehrer letzte Übungen zu fahren. Herr Appel ist jung und ernst. Je länger wir unterwegs sind, umso stärker werden meine Zweifel: Habe ich wirklich alles verstanden, kann ich jederzeit die richtigen Knöpfe drücken, weiß ich, wie ein Kreisverkehr mit Überhang zu meistern ist? Ich bitte ihn, das Rückwärtseinparken mit mir zu üben. Er ist sehr sachlich, das mag ich. Und obwohl ich immer schlechter einparke, ganz egal, ob vorwärts oder rückwärts, und sämtliche Knöpfe verwechsele, die Türen verschließe, statt zu öffnen, versucht er aufgeregt, mir neuen Mut zu machen, mir mit Erklärungen der Abläufe und weiteren Übungen die Unsicherheit zu nehmen.

Am Nachmittag ist Roswithas Prüfung, und Conny und ich sitzen ganz hinten im Bus auf der Rückbank mit fest gedrückten Daumen. Roswitha ist innerlich kurz vorm Explodieren, weiß das aber geschickt unter einer Schicht Make-up und mit einer gelassenen Miene zu überspielen. Sie fährt sicher und gleichmäßig, lässt die Außenspiegel heil und alle Bordsteine in Ruhe. Zum Schluss soll sie rückwärts in eine Seitenstraße einparken. Zum Rückwärtsfahren braucht man immer einen Sicherheitsposten, einen Menschen, der den Verkehr und den Bus im Auge behält und so Unfälle vermeiden hilft. Roswitha bittet mich, den »Sipo« zu machen. Ich ziehe mir die Warnweste über und gehe mit dem Prüfer nach draußen. Ich darf nur den Verkehr warnen oder bitten, kurz anzuhalten, aber keinerlei helfende Zeichen geben. Meine Aufgabe ist es, in ihren Spiegeln gesehen zu werden und ihr »freie Fahrt« oder »Stopp, warte noch« zu signalisieren.

Vor lauter Aufregung parkt Roswitha super ein – nur leider auf der falschen Straßenseite. In aller Ausführlichkeit lenkt sie den Bus in eleganten Schlangenlinien einmal quer über die Straße und stellt ihn dort dann korrekt längs des Bordsteins ab. Der Prüfer beobachtet das mit der gleichen Überraschung wie ich. Mit klarem Optimismus versuche ich die Situation zu retten: »Die schafft das schon, sie hat sich einfach nur in der Richtung geirrt. Wow, perfekt eingeparkt, schauen Sie nur, wie nah an der Bordsteinkante der Bus steht. Klasse gemacht, Roswitha!« Der Prüfer kennt sich aus mit Nervosität und gibt ihr eine zweite Chance: »Aber diesmal wirklich rückwärts in die Straße rein und am rechten Straßenrand parken, bitte.«

Roswitha weiß mittlerweile gar nicht mehr, wo rechts und links, wo oben und unten ist. Zentimeter für Zentimeter biegt sie ein – immerhin hat niemand gesagt, wie schnell sie fahren soll. Schweißgebadet hält sie an der richtigen Seite, öffnet die Tür, lässt uns einsteigen und wartet ergeben auf das Urteil. »Herzlichen Glückwunsch, Sie haben bestanden.« Sie nimmt die wunderbare Aussage entgegen, reicht dem Prüfer die Hand und taumelt zu uns auf die Rückbank. »Hab ich bestanden? Bin ich durchgefallen?«, fragt sie uns. Wir jubeln ihr zu: »Bestanden! Bestanden!« Und erst jetzt löst sich ihre Anspannung: »Wirklich? Ist das mein Führerschein? Oh ... ja, da ist mein Foto drauf! Ich habe bestanden!« Der Fahrlehrer und der Prüfer lachen mit uns.

Am Abend sitze ich mit den Freundinnen und Freunden auf meinem Balkon. Sie fragen mich ab, staunen nach wie vor, was ich alles gelernt habe, wie viel Spaß mir das macht. Vor der eigentlichen Fahrprüfung müssen wir Fragen zu Technik und Handhabung des Busses beantworten und ausführen, die sogenannte Abfahrtsprüfung. Der Prüfer hat zehn Kärtchen mit jeweils sieben Fragen, von denen ich eines ziehe. Es gibt also eine definierte Menge an Möglichkeiten, Fehler zu machen. Ich muss zeigen können, wo das Lüfterrad oder die Umwälzpumpe ist, wo das Servoöl und die Kühlflüssigkeit. In der Nacht träume ich von riesengroßen Bussen, in die man nur mithilfe von ellenlangen Leitern einsteigen kann.

Der Prüfungstag beginnt früh, wie alle Morgen bei der BVG. Irgendwann muss irgendwer bestimmt haben, dass ein Tag in der BVG immer direkt nach der Nacht anfängt. Morgendämmerung ist hier pure Zeitverschwendung.

Die U-Bahn ist voller Menschen, die nach einer durchtanzten Nacht nach Hause fahren und sich noch nicht ganz trennen können von Musik und Bier, von Küssen und Versprechungen. In den Ecken sitzen die anderen, die auf dem Weg zur Arbeit sind, lesen die Zeitung, schlafen noch ein bisschen oder lächeln den verschwitzten Tänzerinnen und Tänzern genervt zu. Meine Arbeitskleidung wird mit einem wohlwollenden Seitenblick wahrgenommen, daran habe ich mich inzwischen gewöhnt. Ein älterer Mann kommt zu mir und zeigt auf die gelben Aufkleber, die an jeder U-Bahn-Wagentür hängen. »Beförderung nur mit gültigem Fahrausweis!«, steht drauf. Normalerweise. Hier nämlich klebt ein Aufkleber mit etwas abgewandeltem Text: »Beförderung hier auch ohne gültigen Fahrausweis!« Wie kreativ. Ich bestaune die Sorgfalt, mit der dieser Aufkleber den echten Hinweisen perfekt nachempfunden wurde, und grinse anerkennend. Erst beim Aussteigen fällt mir ein, dass der

Herr höchstwahrscheinlich eine ganz andere Reaktion von mir erwartet hatte.

Natürlich müssen alle, die heute geprüft werden, zuallererst auf die Toilette. Hier werden panisch die Notizen noch mal durchgegangen und die Schweißflecken unter den Armen mit Deo oder Wasser bearbeitet. Die Raucherinnen im Hof verschwinden fast in der immer dichter werdenden Wolke. Die Raucher unter den Kollegen leisten uns Gesellschaft und spenden ein paar gute Worte. »Ihr schafft das. Nur nicht bange machen lassen! Hauptsache, ihr habt nicht den Prüfer X, der ist knallhart – aber alle anderen sind dufte.« Ein leises Aufstöhnen und Erblassen, als ausgerechnet in diesem Moment Prüfer X um die Ecke kommt und mit einem flotten: »Guten Morgen. Dann wollen wir mal!«, die ersten Kandidatinnen auf seiner Liste zu sich ruft.

Conny und ich stehen mit der glücklichen Roswitha zusammen und drücken allen die Daumen. Wir sind etwas später an der Reihe, erst ich, danach Conny. Unser Prüfer beginnt mit einer anderen Gruppe. Bibi steht am Fenster und winkt uns zu. Sie ist immer noch mit der Theorie beschäftigt, wir sehen uns nur noch selten. In ihrer Pause kommt sie angerannt: »Ich habe Kuchen gebacken, der wird euch Glück bringen.« Wir können jetzt nichts essen, deshalb gibt sie uns die Kuchendose mit und drückt uns alle fest. »Immer cool bleiben«, sagt sie. »Erst besteht ihr und später bekomme auch ich den Lappen, und dann feiern wir die ganze Nacht!« Dann läuft sie wieder hoch in ihren Unterrichtsraum.

Als Erstes ist Katja dran. Wir wechseln einen schnellen Blick mit ihr, Katja nickt unmerklich: »Ich kann das.« Der Prüfer bittet sie, ihm die korrekte Sichtprüfung des Antriebs der Nebenaggregate zu zeigen sowie den Flüssigkeitsvorrat der Scheinwerferwaschanlage. Bestens vorbereitet öffnet Katja die Motorklappe und weist mit geübten Bewegungen auf das gute Aussehen der Lichtmaschine, der Servo- und Wasserpumpe hin. Sie beschreibt die Handhabung des Feuerlöschers, steigt dann ein, startet den Motor und fährt los.

Wir winken und schicken gute Wünsche hinterher.

Und sie besteht! Nichts anderes hatten wir erwartet, Katja ist überglücklich und kein bisschen erstaunt, ihre Selbstsicherheit trägt sie auf festen Füßen durch das Leben.

Wir haben noch ein paar Minuten Zeit und schauen der nächsten Prüfung zu. Maria soll dem Prüfer erst die Bedienung der Schalter am EG-Kontrollgerät, das unter anderem unsere Lenk- und Ruhezeiten aufzeichnet, zeigen und danach die Anschlüsse und die Befestigung der Batterie überprüfen. Dazu muss sie eine Klappe außen am Bus öffnen. Sie sucht und sucht und findet nichts. »Wo macht man die verdammte Klappe auf?«, flucht sie empört. Der Prüfer und der Fahrlehrer stehen fassungslos daneben. Um ihr zu helfen, bittet der Prüfer sie, erst einmal den Stand des Motoröls zu kontrollieren. Das klappt besser. Maria nickt, als hätte sie nie was anderes gemacht. Jetzt aber soll sie noch einmal die Batterieklappe öffnen. Sie steht vor dem Bus und zuckt mit den Schultern. »Das hat uns der Fahrlehrer nicht gezeigt«, sagt sie laut. Der ganze Betriebshof hält den Atem an. »Fragen Sie mich einfach was anderes«, schlägt sie vor und verkennt damit völlig den Ernst der Situation. Ihr Fahrlehrer versichert unterdessen dem Prüfer, dass er sehr wohl allen Schülerinnen alles gezeigt hat.

Der Prüfer gibt ihr eine letzte Chance. Aber Maria beharrt darauf, dass der Fahrlehrer ihr das – und vieles andere – nicht gezeigt habe, dass sie diese Klappe nie geöffnet habe, ja, noch nicht einmal von der Existenz einer solchen Klappe gewusst habe. Und außerdem habe sie keinen Bock, sich jetzt schon wieder bücken zu müssen. »Ist doch eine Fahrprüfung und keine Sportstunde«, sagt sie genervt. Damit ist ihre Prüfung vorbei, der Fahrlehrer schüttelt nur noch den Kopf und bricht ab. Maria nimmt es auf die leichte Schulter, was wir gleichzeitig bewundern und nicht verstehen. Monate später wiederholt sie die Prüfung und besteht.

Und dann ist sie endlich da: meine große Stunde. Und sie beginnt gleich golden: Der Doppeldecker ist mein Prüfungsbus! Ich werde ganz ruhig. Der Prüfer begrüßt uns und fächert die Karten mit den Fragen zur Abfahrtskontrolle, damit ich eine ziehe. Ein kurzer Blick genügt: Das kann ich alles.

Ich benenne erst die Symbole auf dem EG-Kontrollgerät, prüfe, ob die Pedalwege frei sind, zeige und kontrolliere Reifenzustand, Reifendruck, Reifenprofil. Als Nächstes schaue ich nach, ob die Warnweste, das Warndreieck und die Warnleuchte an ihrem Platz sind. Dann teste ich Hupe, Lichthupe, Warnblinklicht und die Seitenmarkierungsleuchten. Die Dichtheit der Kraftstoffanlage und Kraftstoffleitung sowie der Kraftstoffvorrat sind eine weitere Aufgabe. Zuletzt steht die Funktionsprüfung der Türbetätigungsanlage von innen und außen an.

»Wunderbar, besser kann es nicht beginnen«, flüstert Roswitha mir zu.

Ich richte mich hinter dem Lenkrad ein, stelle den Fahrerinnensessel auf meine Körpergröße und das Gewicht ein, richte die Seitenspiegel und stecke den Zündschlüssel ins Schloss.

Neben mit sitzt der Fahrlehrer, Herr Berg, der mein ganzes Vertrauen hat, hinter uns positioniert sich der Prüfer. Ich drehe mich erwartungsvoll um, gespannt, welchen Weg er wählt, welche Aufgabe er mir stellt. »Sie fahren bitte vorne rechts und folgen dann den Richtungsschildern nach Mitte.«

Ich starte den Bus, ordne mich ein, beobachte den Verkehr rings um uns herum und werfe dem Prüfer an der nächsten roten Ampel einen Blick durch den Spiegel zu. Er schaut mir genau in die Augen, und ich bin kurz irritiert: War da ein winziges teuflisches Funkeln in seinem Blick?

Nach wenigen Kreuzungen ist klar, er hat Blut geleckt und wird alles tun, um mich in die Enge zu treiben. Immer schneller kommen seine Kommandos, immer absurder wird die zu fahrende Strecke. Neben mir hockt der Fahrlehrer und mahlt mit dem Kiefer. Fast glaube ich, sein Zähneknirschen zu hören. Ich sende ihm intensive telepathische Botschaften und hoffe, dass seine Empfangsbereitschaft unwahrscheinlich hoch ist. »Nur nicht bremsen«, bitte ich ihn von Kopf zu Kopf. »Ich schaffe das, keine Sorge. Sie dürfen sich bitte nur nicht einmischen. Vertrauen Sie mir. Und auf keinen Fall bremsen.« Denn wenn der Fahrlehrer während der Prüfung bremst, ertönt ein Signal, und die Prüfung ist vorbei. Ich merke sehr deutlich, wie schwer es ihm fällt, ruhig zu bleiben, nichts zu sagen oder gar einzuschreiten. Sein Körper ist angespannt, sein Gesicht spricht Bände. Aber das hier ist ein Duell zwischen dem Prüfer und mir. Er weiß ja nicht, dass mich so schnell nichts schreckt. Ich werde immer ruhiger, nichts stört meine Konzentration, ich verschmelze mit dem Bus, mach mich dick wie noch nie zuvor und bin ein Teil des Verkehrs. Die engen Kurven, um die mich der Prüfer fahren lässt, weiten für mich ihren Radius um ein paar winzige Zentimeter, für die plötzlichen Spurwechsel, die er anordnet, macht der sonst unbarmherzige Autoverkehr freundliche Lücken. Alles fließt um uns herum, wir durchqueren Stromschnellen und manövrieren geschickt an Klippen vorbei. Eisberge weisen den sicheren Weg, Untiefen tragen uns in Ufernähe, ein Wal lädt uns ein, die schmalen Unterführungen in seinem Bauch zu passieren.

Wir holpern durch Straßen, die nie zuvor ein Doppeldecker befahren hat. Anwohner öffnen ihre Fenster, um den unerhörten Motorenlärm zu orten, und staunen mit offenen Mündern über den gelben Riesen. Die übliche Dauer einer Fahrprüfung ist längst überschritten, als wir auf den unergründlichen Wegen des Prüfers schließlich in der Zillestraße landen und er mir die Anweisung gibt, hinter der Deutschen Oper in die Krumme Straße zu fahren, um am anderen Ende wieder auf die Bismarckstraße zu gelangen.

Ich schaue skeptisch in die kleine Straße, versuche, den Abbiegewinkel zu errechnen, der durch wild parkende Autos stark verändert ist, sehe den Krankentransportwagen, der in der ungefähren Mitte der Straße am linken Rand parkt und denke: Das wird nichts. Da komm ich auf keinen Fall dran vorbei. Ein paar Fußgänger beobachten mich und beginnen ein reges Gespräch: »Ich hab hier noch nie einen BVG-Bus gesehen. Der passt doch im Leben nicht da durch.« – »Niemals, das ist doch viel zu eng.« – »Ob die eine neue Buslinie planen hier durch die engen Kurven?« – »Kann ich mir nicht vorstellen.«

Während ich immer noch überlege, wie die Aufgabe zu bewältigen ist, und abzuschätzen versuche, wie lange der Krankenwagen noch dort stehen wird, ausgerechnet in der kleinen Rechtskurve, die die Krumme Straße dort beschreibt, kommen die Passanten zu mir ans Seitenfenster. »Da können Sie nicht rein, der Bus ist zu groß, die Straße zu klein.« Ich mache den Motor aus. Der Prüfer sitzt auf heißen Kohlen vor Freude.

Ich darf eine Fahrtanweisung verweigern, wenn sie mir zu gefährlich erscheint, und das ist während der Prüfung durchaus möglich. Die Verantwortung liegt allein bei mir. Vielleicht will der Prüfer ja genau das wissen: Kann ich Gefahren erkennen und vorausschauend fahren? Darüber denke ich nun nach.

Unterdessen fahren einige Leute ihre äußerst nachlässig geparkten Autos weg – mein Bus erregt öffentliche Aufmerksamkeit. Wenn das so weitergeht, ist die Kreuzung in wenigen Minuten frei befahrbar und allein der Krankentransport ein Hindernis. Weitere

Fußgänger kommen dazu. Der Prüfer steckt voller Vorfreude und scharrt unruhig mit dem Huf.

Ich bin zu einem Entschluss gekommen und fühle mich sofort wieder stark. Ich drehe den Zündschlüssel, genieße das Rumpeln des Motors, das Vibrieren der Inneneinrichtung, das Zucken des Prüfers und kann sogar seine Gedanken lesen: »Was macht sie jetzt? Das wird ihr nichts helfen. Sie kann das nicht, nein, nein und nochmals nein!«

Der Doppeldecker gleitet um die Ecke in die Krumme Straße hinein. Um uns herum Applaus und »Bravo«-Rufe von den Passanten. Der Fahrer des Krankentransports setzt seinen Wagen ein Stückchen zurück und macht mir so auch diesen Straßenabschnitt frei. Ich bedanke mich herzlich. Der Fahrlehrer atmet hörbar auf und wirft mir einen schnellen anerkennenden Blick zu. Ich lenke den Bus wie gewünscht an der Oper vorbei zur vielspurigen Bismarckstraße, biege dort links ab, ernte ein paar aufmunternde Lichthupen von Autofahrern und ordne mich in der mittleren Spur ein. Vor uns liegt der Kreisverkehr am Ernst-Reuter-Platz. Mein Prüfer gibt immer noch nicht auf: »Sie fahren am Bahnhof Zoo links in die Jebensstraße und von dort weiter auf den Busbahnhof.«

Das Kommando erfordert weitere vorausschauende Spurwechsel, würde ich die ganze Gegend nicht wie meine Westentasche kennen, könnte mir schon der eine oder andere Fehler unterlaufen. So aber erreichen wir die Einfahrt zum Busbahnhof störungsfrei. »Suchen Sie sich eine freie Spur und parken Sie rückwärts ein.«

Der Busbahnhof am Zoo ist ein wichtiger Dreh- und Angelpunkt für den Busverkehr im Westen der Stadt. Ständig fahren hier Busse ein und aus, es herrscht besonders jetzt, zur späten Mittagszeit, reger Verkehr. Niemand parkt hier jemals rückwärts ein. Die Kollegen sind alle im Stress, benutzen die Fahrspuren wie vorgesehen zum Abstellen der Busse, eilen dann in die Kantine und fahren nach einer kurzen Pause wieder los. Der Busbahnhof ist so gestaltet, dass diese beiden Manöver, das Einfahren und das Ausfahren, ohne jedes Hindernis flott und ständig möglich ist. Hier rückwärts einzuparken hält also den Betrieb auf und ist zudem äußerst unangenehm. In Sekundenschnelle registrieren nämlich alle Busfahrer, dass jetzt etwas Außergewöhnliches geschieht.

Es gibt nur eine Spur, in der zwei Parkplätze frei sind, ich bitte Roswitha, mir als Sicherheitsposten zu helfen. Sie zieht sich eine Warnweste über, steigt aus und sucht die beste Position. Ich beobachte sie im Seitenspiegel und sehe zu meinem Entsetzen, dass hinter mir ein Bus angefahren kommt, hupt und mir den Weg versperrt. Roswitha rennt zu dem Busfahrer, erklärt ihm, dass es sich um eine Fahrprüfung handelt und ich nicht etwa verrückt geworden bin. Der Busfahrer versteht zwar nicht, stellt seinen Bus aber trotzdem sofort ans hintere äußere Ende der Bucht. Mein Fahrlehrer steht kurz vor einer kleinen Ohnmacht. So viel Aufmerksamkeit wünscht er seinen Schülerinnen nicht und mir nach dieser schweren langen Prüfungsfahrt schon gar nicht. Er wischt sich den Schweiß vom Gesicht.

Ich schaue durch den Rückspiegel dem Prüfer ins Gesicht. Er ist schon etwas kleiner geworden, seine Augen haben das Blitzen verloren, die beiden Hörner schrumpfen, und mit einer ordnenden Handbewegung streicht er seine wirren Haare zurück in die ursprüngliche Frisur.

Mithilfe von Roswitha parke ich rückwärts ein, stehe einwandfrei ganz genau richtig am Bordstein, stelle den Motor ab und öffne die Türen: »Jetzt müsste hier eigentlich ein Feuerwerk starten«, denke ich, »und ein Orchester müsste was von David Bowie spielen.« Der Prüfer macht sich Notizen, kramt in seinen Unterlagen und sagt das erlösende Wort: »Bestanden.«

Der Fahrlehrer gibt mir die verschwitzte Hand zum Glückwunsch. Conny erwacht aus ihrer Erstarrung, Roswitha schleudert die Warnweste in den Bus und strahlt über das ganze Gesicht.

Ich bin erschöpft und die neugierigen Blicke der Busfahrer sind mir peinlich. Ich will nur auf die Toilette, den Stress abwaschen und raus aus der Öffentlichkeit. Lange stehe ich da am Waschbecken, lasse kaltes Wasser über meine Arme laufen, schaue mich im Spiegel an. »Mit mir nicht!«, hallt immer noch mein Mantra nach. Im Zwischengang von den Toiletten zur Kantine treffe ich den Prüfer. Er reicht mir die Hand und murmelt: »Da habe ich wohl etwas übertrieben.«

Nach einer kurzen Kaffeepause macht Conny sich bereit für ihre Fahrt. Nun sitze ich mit Roswitha auf der Rückbank und drücke Conny die Daumen. Sie ist nach meiner Prüfung fix und fertig mit den Nerven, erwartet Ähnliches und dass sie schnell durchfallen wird.

Der Prüfer hat aber die Zeit bei mir so überzogen, dass für Conny kaum noch was übrig ist. Er schickt sie nach einigen einfachen Manövern auf den Stadtring, lässt sie Autobahn fahren. Später bittet er sie, auf dem Betriebsgelände des TÜV einzuparken, und überreicht ihr dort den funkelnagelneuen Führerschein. Ungläubig nimmt sie ihn entgegen und braucht eine Weile, um zu begreifen, dass das schon alles war. Ihre Freude mischt sich mit unseren Glückwünschen. Wir schweben auf einer bunten Wolke der Erleichterung.

Der Fahrlehrer bringt uns zurück zur Verkehrsakademie. Fünfzehn Minuten später beginnt bereits die nächste Unterrichtsstunde. Die Verkehrsakademie lässt wenig Zeit für Gefühle, für Anerkennung, für Lob und hat einen sechsten Sinn für Enttäuschung.

Unser Ausbilder allerdings weiß die Besonderheit dieses Tages für uns wenigstens kurz zu würdigen. Er empfängt uns im Klassenraum mit einem strahlenden Gesicht: »Herzliche Glückwünsche allen, die bestanden haben! Ihr seid super. Das habt ihr toll gemacht.

Über euren Führerschein geht nichts drüber, jetzt seid ihr ganz oben angekommen. Eure Führerscheinklasse ist die absolute Königsklasse. Die hat nicht jeder. Die Königsklasse habt ihr, und ihr habt sie auch verdient. Ihr seid die Könige der Straße!«

5. Haltestelle

Mein erstes Mal: Variationen

Die BVG lässt uns lieber fahren statt feiern. Weil für sie nichts selbstverständlicher ist, als mal eben innerhalb von vier Monaten einen völlig neuen Beruf zu erlernen, wartet direkt die nächste Aufgabe auf uns.

Jede bekommt einen persönlichen Auftragszettel in die Hand gedrückt. Darauf sind die Linien vermerkt, die schon bald von uns gefahren werden sollen. Das ist alles sehr klug geregelt. Damit niemand Zeit mit dem Weg zur Arbeit vertrödelt, werden wir Busfahrerinnen den unserer Wohnung am nächsten liegenden Betriebshöfen offiziell zugeteilt. Manche Frau hat aber auch einen bestimmten Hof, auf dem sie arbeiten möchte, und die BVG tut einiges, um solche Wünsche zu erfüllen.

Ein paar wenige Tage stehen zur Verfügung, an denen wir nun selbstständig »unsere« Linien abfahren, nicht etwa hinter dem Steuer, nein! Wir sitzen täglich viele Stunden lang in Bussen und gucken aus dem Fenster. Unsere Aufgabe ist es, durch das Dabeisein herauszufinden, wo die Streckenverläufe sind; wir sollen auf diese Weise mit unseren künftigen Arbeitswegen eins werden. Damit wir nicht stattdessen heimlich faul auf dem Sofa liegen und uns die Fußnägel lackieren, kontrollieren die jeweiligen Busfahrer diese Auftragsfahrten und quittieren die erledigten Strecken mit ihrer Unterschrift auf dem beigefügten Formular.

Es klingt weniger langweilig, als es ist. Conny, Roswitha und ich vergleichen unsere Unterlagen, um möglichst viele gemeinsame Pausenorte zu finden, denn wir werden auf unterschiedlichen Höfen arbeiten und haben dementsprechend andere Linien.

Wir erstellen irrwitzige Notizen: Links bis zur großen Kreuzung, vor dem Supermarkt rechts am gelben Haus vorbei. Achtung: hier sofort Spurwechsel! Drei Seitenstraßen lang geradeaus, danach rechts um die Ecke (riesiger Biergarten). Nächste Mehrfachampel abbiegen, Haltestelle hinterm dicken Baum. Am Hochhaus Spur wechseln, bis zum Sarg-Discount weiter, Brücke rechts, den Kanal links liegen lassen, wo Stefan wohnte abbiegen, fünf Laternen weiterfahren, hinter dem leckeren Kebabladen gleich rechts, am Supermarkt schräg um den Parkplatz, Vorsicht an der alten Disco: nicht abbiegen ...

Seitenlang notiert sich jede ihre spezifischen »Erkennungsmerkmale« der Linien, seltsame, rätselhafte Texte, die im Nachhinein manchmal fast poetisch klingen, aber gar keine Hilfe sind.

Unsere einzige Freude ist das Wiedersehen mit Bibi. Sie hat zwar die Theorieprüfung mit null Fehlern abgehakt: »Null Fehler! Null, nada, nichts. Uhh, danach ist mir so schlecht geworden. Zu Hause habe ich geheult und getanzt, gleichzeitig. Null Fehler!« Die Prüfung bei der IHK ist trotzdem schiefgegangen. Das vierte Mal. Wir trinken viele Tassen Kaffee in herrlich hässlichen Imbissbuden und verschlucken allen oberflächlichen Trost. »Glaubst du noch an dich?«, frage ich Bibi. »Hundertprozentig!«, antwortet sie prompt.

Wir nicken uns zu und fühlen, dass die Zukunft direkt vor uns ist, irgendwo dahinten, wo die großen Ziele stehen, links oder rechts oder geradeaus.

Doch jetzt steht erst einmal ein Doppeldecker vor Roswitha, Conny, Tanja und mir. Tanja wird mit uns zusammen unsere allererste reale Busfahrt mit Inhalt erleben. Der reguläre Busfahrer zerspringt fast vor Aufregung: Vier Frauen unter seinem Kommando – das ist ein herrlicher Tag für ihn. Er hat das Oberkommando und wird uns Mädels zeigen, was einen echten Männerberuf ausmacht. Wir fahren eine lange Linie vom Rathaus Spandau durchs Märkische Viertel bis zum Wilhelmsruher Damm.

Vorgesehen ist es, die dreiundzwanzig Haltestellen in sechsundvierzig Minuten abzuarbeiten. Diese Linie hat zwischen einigen Stopps weite Strecken zu fahren. Hier kann man verlorene Zeit aufholen. Realistisch ist das nur selten im Berufsverkehr zu schaffen, als Anfängerin schon gar nicht. Wir werden abwechselnd hinter dem Steuer sitzen. Eine Achterbahn der Gefühle treibt uns um, der bekannte Sprung ins kalte Wasser ist nichts dagegen; plötzlich stehen Menschen an der Haltestelle, warten ungeduldig, dass ich den richtigen Knopf drücke und die Türen aufgehen. Alle wollen schnell einsteigen, Fahrkarten kaufen oder vorzeigen, den besten Sitzplatz ergattern. Und sie stellen Fragen: wo sie aussteigen müssen, um zur Dingsdastraße zu kommen, warum der Fahrpreis so hoch ist, ob ich auch große Scheine annehme, wie das Wetter wohl werden wird, was unser Bürgermeister heute wieder falsch macht, wie verkehrt die Diagnose des dummen Arztes sei. Alles gleichzeitig und an der nächsten Haltestelle schon wieder. Niemand hat uns darauf vorbereitet.

Ich rutsche nervös hin und her auf dem Stuhl aller Stühle, die Heizung ist voll aufgedreht, es regnet und die Scheiben sind beschlagen. Ich schwitze, meine Wangen leuchten rot. Mir fällt ständig das Wechselgeld aus der Schale. Der reguläre Busfahrer sitzt schräg hinter mir und treibt mich an: »Schneller, das muss alles viel schneller gehen! Und fahr gefälligst fünfzig, hier ist fünfzig, nicht fünfundvierzig. Schneller, los jetzt!« Ich fahre schon schnell für meine Begriffe, aber das reicht halt nicht. »Was habe ich gesagt –

schneller, drück aufs Gas, los los los!« – »Ich bin doch kurz vor fünfzig. Schneller traue ich mich nicht.« – »Wer Busfahrer sein will, muss Bus fahren können. Wir sind hier nicht im Kindergarten. Beeil dich jetzt! Hör zu, wenn ich mit dir rede. Du sollst fahren und nicht diskutieren!«

Anfangs bemühe ich mich, er ist aber nicht zufriedenzustellen. »Fahr schneller!«, schreit er mir ins Ohr, springt auf und ab, erhöht weiter den Druck, meckert, motzt, salbadert. Nichts passt ihm, er beschwert sich bei den Fahrgästen über meine Langsamkeit und entschuldigt sich süffisant für die Unannehmlichkeiten, die ich verursache. Die Fahrgäste allerdings sind super: »Immer mit der Ruhe, junger Mann, ist noch kein Meister vom Himmel gefallen.« – »Nu mal ganz ruhig, mich stören ein paar Minuten mehr gar nicht.« – »Ach was, lassen Sie die Frau in Ruhe ihren Job machen. So freundlich, wie die guckt, kann die Fahrt ruhig länger dauern.« Eine ältere Frau strahlt mich an: »Sie haben aber schöne rote Bäckchen. Wie zwei Rosen, möcht ich meinen. Sind wohl frisch verliebt, nicht wahr. Wie heißt er denn, Ihr Schatz?« Eigenen Erinnerungen nachsinnend sucht sie sich einen Sitzplatz und schaut, nun selber rosig im Gesicht, durch den Regen in die eigene Vergangenheit hinein. Und eine etwas jüngere fragt besorgt: »Ärgert Sie der Typ? Soll ich dem mal Bescheid geben?«

Sobald wir dem Fahrplan um mehr als fünf Minuten hinterherfahren, reißt ihm endgültig der Kragen, er scheucht uns vom Sitz und übernimmt selbst das Steuer. »Jetzt schaut ihr mal alle ordentlich zu, wie ich das mache, verstanden!?«, brüllt er, gibt alles, fährt den Bus wie ein Berserker, beschleunigt geradezu skrupellos und strahlt übers ganze Gesicht. Tanja hat die Ruhe weg: »Wenn Sie so fahren, ist das Ihre Sache. Ich fahre anders und auf keinen Fall fahre ich schneller, als mir guttut.«

Am Ende des Tages sind wir fix und fertig, selbst der reguläre

Busfahrer ist etwas ruhiger geworden und zieht an der Endhaltestelle wortlos an seiner Zigarette. Was wir gelernt haben, weiß allein der Wind.

Wie immer kommt der nächste Ernst des Lebens schneller als unbedingt nötig. Roswitha, Conny und ich müssen voneinander Abschied nehmen und den neuen Vorgesetzten und Kollegen auf den Betriebshöfen »Guten Tag« sagen. Jede Anfängerin bekommt für die ersten Tage einen sogenannten Lehrfahrer zur Seite gestellt. Das sind erfahrene, besonnene Kollegen, die uns ihre bewährten Tricks und Tipps erklären, zeigen, wo es langgeht, und helfen, wenn es nötig ist.

»Guten Morgen, wir sind für die nächsten Tage ein Team«, kommt ein älterer Mann auf mich zu. Seine Arbeitskleidung ist zwar genau die gleiche wie meine, aber an ihm sieht sie irgendwie lässiger aus. »Ich heiße Thomas, aber alle sagen Uschi zu mir.« Mein Lehrfahrer ist mir auf Anhieb sympathisch. Er schenkt mir eine kleine Tasche für die täglichen Dienstpläne. Diese Tasche ist weder rosa noch pink, hat keine Herzchen und keinen Glitzer. Ich drehe und wende sie in meinen Händen und schöpfe neue Hoffnung.

Uschi erklärt mir den Tagesablauf. Heute fahren wir den M48, der einmal quer von Zehlendorf durch die ganze Stadt bis zum Alexanderplatz führt, insgesamt 42 Haltestellen bedient und unter den Kollegen als Linie des Grauens gilt. Der M48 ist nie pünktlich, aus guten, großstädtischen Gründen. Es gibt zwar auf einigen Kilometern eine Busspur, aber die ist selbstverständlich zugeparkt; alle paar Meter stehen zudem Lieferwagen in zweiter Reihe. Auf der langen Strecke durch die Stadt ist oft viel Verkehr und Stau. Wir müssen ständig auf alles gefasst sein: Fahrradfahrer, die uns schneiden, Fußgängerinnen, die ohne zu gucken über die Straße laufen, Autofahrer, die nichts von roten Ampeln halten, Touristengruppen, die uns auf Leihrädern fröhlich entgegenradeln, aus lauter Urlaubsfeeling die Grundregeln der Fahrtrichtungen ignorierend. Und nicht zuletzt transportiert diese Linie auch noch besonders viele Fahrgäste.

Der M48 ist eine meiner Lieblingsbuslinien. So oft bin ich eingestiegen, mitgefahren, ausgestiegen, und jetzt sitze ich am Steuer und bin die Busfahrerin.

Uschi warnt mich: »Das ist extrem, dich als Anfängerin auf den M48 zu setzen. Wir teilen uns den Dienst, sag Bescheid, wenn du eine Pause brauchst, dann übernehme ich.« – »Alles klar, Kollege«, antworte ich mit der Überlegenheit der unerfahrenen Anfängerin. Aber Uschi ist seit knapp dreißig Jahren bei der BVG und weiß, was vor uns liegt.

Der allererste Fahrgast in meinem neuen Arbeitsleben ist eine gut gekleidete Frau in den frühen Vierzigern. Sie steht erwartungsvoll vor mir und sagt nichts. »Guten Morgen«, begrüße ich sie und bin gespannt, wie das weitergeht. Ich fahre vorsichtig los, die Uhr tickt schließlich immer.

»Guten Morgen. Entschuldigen Sie bitte, ich fahre heute zum ersten Mal Bus und weiß nicht, was ich machen muss«, sagt sie aufgeregt. Uschi mischt sich ein, denn ich habe genug zu tun mit der Fahrerei. »Zuallererst kaufen Sie sich einen Fahrschein. Wie weit wollen Sie denn? Vielleicht ist es nur eine Kurzstrecke?« – »Wie weit ...? Mein Fahrer hat heute frei, der wüsste das bestimmt. Da dachte ich: Wage halt mal was. Meine Freundinnen haben mir den Bus angeraten. Und es soll ja jetzt auch sicherer sein, habe ich gelesen.« Sie nickt meinem Lehrfahrer Bestätigung suchend zu. »Sie sind ja sogar zu zweit hier. Aber wie weit – das weiß ich nicht. Ich habe einen Termin zum Haareschneiden beim Meister.« Sie nennt einen allseits bekannten Namen. »Wie weit ist das wohl von hier aus?« – »Na, da nehmen Sie einfach mal ein volles Ticket. Damit können Sie dann auch umsteigen, wenn Sie wollen. Das gilt volle zwei Stunden lang.« Sie versteht nicht, wieso ihr Ticket so preiswert ist.

»Kostet es denn immer so wenig, egal, wohin Sie fahren?« Wir nicken.

»Vielen Dank«, lächelt sie. »Eine Frage noch: Gilt dieser Fahrschein für alle Plätze?« »Und ob! Hier ist alles erste Klasse«, grinst Uschi und geleitet sie zum nächsten freien Sitz.

Bevor sie aussteigt, reicht sie uns die Hand zum Dank und Abschied. »Und schöne Grüße an den Herrn Friseur!«, rufen wir ihr hinterher.

Kilometer später, an der Endhaltestelle am Alexanderplatz, falle ich fix und fertig aus dem Bus, völlig verspannt und sehr durstig will ich schnell ein paar Turnübungen machen und Kaffee trinken. Aber mein Lehrfahrer hat ganz andere Pläne: »Erst musst du den Bus kontrollieren. Lauf einmal durch und guck, ob alles o.k. ist, und sammel den Müll zusammen. Dann machen wir draußen die Kontrolle. Beeil dich, wir sind schon fast über der Zeit.«

Ich renne durch Ober- und Unterdeck, laufe draußen einmal um den Bus, kontrolliere die Rücklichter, zähle die Reifen, dehne mich einmal kurz und starte seufzend den Motor. »Und mein Kaffee? Wann trink ich den?«, frage ich mein Spiegelbild. »Am Potsdamer Platz löse ich dich ab, dann kannst du deinen Kaffee trinken und zugucken, wie ich das mache. Und wir holen ein bisschen Zeit auf.«

Am Alexanderplatz steigt gleich eine ganze Touristengruppe aus einem weit entfernten Bundesland ein. Sie versperren sich gegenseitig den Weg, bleiben vor mir hängen, drücken und schubsen und haben die Ruhe weg. Bevor ihre Diskussion, ob sie wirklich mitfahren wollen oder doch lieber nicht, ausartet, mische ich mich ein mit einem forschen: »Immer rin in die gute Stube!« Die eine Hälfte verteilt sich auf die Sitzplätze, die andere steht weiterhin vor mir und sammelt Geld.

»Was kostet jetzt noch mal die einfache Fahrt? Oder gibt es auch Gruppenpreise? Wie viele sind wir eigentlich? Wo genau fahren Sie jetzt hin?« Alle fangen an zu zählen und in Reiseführern zu blättern.

»Momentchen noch, ist doch Urlaub, nicht wahr«, erklärt mir ein Mann gemütlich. Uschi mischt sich ein: »Ich habe jetzt zwölf gezählt, gehören Sie denn alle zusammen?« Die ganze Gruppe nickt.

»Meine Frau wollte nicht mit, die ist lieber im Hotel geblieben«, ruft ein Mann eifrig.

»Dann muss sie auch nicht zahlen, würde ich sagen«, antwortet Uschi. »Also zwölf Tickets und eine Freifahrt. Wer hat das Geld?«

Wir sind jetzt schon drei Haltestellen weiter, viele Menschen sind dazugekommen, quetschen sich höflich drängelnd auf die freien Sitze, strömen durch die hinteren Türen direkt nach oben, kaufen beiläufig Fahrscheine, zeigen mir ihre Monatskarten, grüßen mit einem Blick, einem Lächeln oder einer Handbewegung, schleppen Rucksäcke, Taschen, Tüten, unterhalten sich, schweigen, steigen aus, eilen weiter, rennen zur U-Bahn, zum nächsten Bus.

Uschi zählt Münzen in meine Kasse und druckt die Fahrscheine für die Touristen aus: »Jeder nur ein Ticket. Passen Sie gut drauf auf, die halten sich zwei Stunden frisch.«

Die Touristen sind beeindruckt und bleiben immer wieder in der Mitteltür stehen, um sich alles ganz genau anzugucken.

»Machen Sie mal zügig die Mitteltüren frei«, rufe ich ungeduldig in den Bus hinein, und Uschi fügt automatisch ein »Bitte« hinzu.

Schon sind wir am Potsdamer Platz, haben fünf Minuten Verspätung, die Anzeigetafeln blinken drohend. Ich bin mittendrin in der Stadt und genieße jeden Moment. An der nächsten Endhaltestelle erst merke ich die Anstrengung. Mir schwirrt der Kopf, ich möchte mich hinlegen, strecken, die Augen zumachen, in eine kleine Stille tauchen. Aber dazu ist die Zeit zu kurz. Wieder renne ich durch und um den Bus, sammele liegen gebliebene Kaffeebecher und Zeitungen ein, zwei leere Bierflaschen, ein schmutziges Taschentuch und höre, wie Uschi drängt: »Beeil dich, wir haben noch knapp vier Minuten.«

»Ich muss mir dringend die Hände waschen!«, rufe ich und renne schon zum kleinen Toilettenhäuschen. Bis ich den Schlüssel gefunden habe, die dicksten Spinnen aus dem Weg gepustet und eilig gepinkelt, die Hände gewaschen und den Weg zurück zum Bus im Laufschritt genommen habe, piepst das Abfahrtssignal eindringlich. Zum Glück sitzt Uschi längst hinterm Steuer und übernimmt die nächste Runde. »Du musst insgesamt viel schneller sein mit allem«, erklärt er mir. »Nicht so viel einparken, nicht so langsam die Türen auf, das muss alles eine einzige Bewegung sein, sonst wird das nichts. Vergiss die Fahrschule. Ran an die Haltestelle, auf die Tür.«

»Na, du machst das ja schon etwas länger als ich.«

»Darauf kommt es nicht an. Du musst mit dem Zeitdruck arbeiten. Dem Fahrplan ist es egal, ob das heute dein erster Tag ist. Mach nicht so langsam an den Haltestellen, fahr die nicht so zögerlich an. Du bremst zu viel und viel zu früh.«

Ich schlucke. Uschi dreht sich zu mir um: »Das lernst du schon. Du darfst dich nur nicht kaputtmachen lassen von dem Zeitdruck. Sieh zu, wie ich es mache, ran an die Haltestelle, egal wie, sofort die Türen auf und weg von der Haltestelle. Na, wie lange hab ich gebraucht?«

Ich hab nicht auf die Uhr geguckt, weiß aber, was er mir erklärt. Und doch, denke ich trotzig, ist die Romantik auch wichtig.

Unsere Mittagspause verbringen wir in einem kalten Selbstbedienungsladen. Uschi versucht, mir die nötige Routine ins Gehirn zu pflanzen.

»Die BVG nimmt keine Rücksicht auf dich, du bist hier nicht Susanne, du bist nur eine Nummer. Eine Nummer unter vielen.«

Tatsächlich habe ich eine Personalnummer bekommen, mit der

ich mich an unterschiedlichsten Stellen statt meines Namens melden muss.

»Du gibst dir Mühe mit allem. Du willst schön an der Haltestelle stehen, dabei ist das ganz egal. Vergiss alles, was ihr in der Fahrschule gelernt habt. Wichtig ist nur, dass du pünktlich an der Haltestelle stehst und nicht auffällst. Die Leute kommen schon irgendwie rein, die sind das ja gewöhnt. Der Firma ist es wurscht, wie du guckst hinterm Steuer, denen ist das Ergebnis wichtig, nichts sonst. Pass dich an, so schnell du kannst. Anders überlebst du hier nicht.«

Mir ist das viel zu viel am ersten Tag. Ich gebe Uschi noch einen Kaffee aus, dann machen wir uns auf den Weg zur nächsten Runde.

Die letzte Runde an diesem Tag fahre ich. Es ist dichter Feierabendverkehr und am Walter-Schreiber-Platz warten hunderte Menschen auf ihren Bus nach Hause. Schnell ist mein Doppeldecker bis auf den letzten Stehplatz gefüllt. In Richtung Zehlendorf hat die BVG hier eine eigene Lichtanlage. Während der PKW-Verkehr noch an der roten Ampel steht, lenke ich schon schräg aus der Haltebucht zurück, fahre mitten auf die zweispurige Schlossstraße, um mich dort einzuordnen, und merke erstaunt, wie erst das Vibrieren der Fensterscheiben aufhört, dann der komplette Motor ausfällt. Mein M48 macht keinen Mucks, er steht still und stumm und fährt nicht mehr. Kein PKW kommt an uns vorbei, selbst Motorräder haben Mühe. Natürlich hupen gleich alle. Ich bin so voller frisch Gelerntem, dass keine Sekunde Zweifel aufkommen, was zu tun ist: Warnweste an, raus aus dem Bus und die Batterien überprüfen. Startet der Bus dann immer noch nicht, ist es höchste Eisenbahn, den Abschleppdienst zu rufen.

Unterdessen versucht Uschi hartnäckig, den Bus zu starten. Kann schon sein, dass der Anlasser ein Macho ist. Auch die Batterien kontrolliert Uschi noch mal gründlich, man weiß ja nie.

Ich habe mittlerweile der Zentrale gefunkt. Sie wissen aber schon von dieser Katastrophe, denn hinter mir stapeln sich nicht nur Autos, auch sämtliche Busse, die zum Feierabend natürlich in großer Zahl eingesetzt sind, sitzen hinter uns fest.

Das ist die Gelegenheit, meine erste Ansage an die Fahrgäste zu machen: »Liebe Fahrgäste, unser Bus ist gerade komplett kaputtgegangen. Wir werden nicht weiterfahren. Sie müssen bitte alle aussteigen.«

Die Fahrgäste überlegen erst noch, ob das nur ein Scherz ist, dann zögern sie, was sie tun sollen und wollen. Sie schauen sich um, was die anderen machen. Die meisten möchten einfach sitzen bleiben.

Jetzt kümmere ich mich um die wütenden Autofahrer hinter uns, erkläre, was los ist, und bitte um Verständnis. Wenden kann hier keiner. Das Hupen hört auf, die Motoren werden ausgeschaltet, viele steigen aus, schauen fachmännisch in die offene Motorklappe, diskutieren untereinander die möglichen Ursachen, stellen wichtige Fragen zum Motor, genießen die Fachsimpelei und den seltenen Blick in die Innereien des Doppeldeckers. Andere helfen Menschen mit Kinderwagen oder mit Rollatoren, die hohen Bordsteine zu überwinden. Jammern, meckern, fluchen, reden miteinander.

Der Stau reicht jetzt bis in die Unendlichkeit. Jeder Radiosender macht aktuelle Verkehrsdurchsagen, die Zentrale leitet alle weiteren Busse, die noch nicht in der Falle sitzen, weiträumig um. Den Fahrgästen bleibt nur die U-Bahn.

Immer wieder kommen Leute zu mir: »Wie komme ich denn jetzt nach Hause? Wann fährt der nächste Bus?« Ich muss ihnen erklären, dass ja kein neuer Bus kommen kann, solange wir die gesamte Straße versperren, und es sich nicht lohnt zu warten.

Eine lange Weile später erreicht uns der Abschleppwagen der BVG. Es geschieht nur selten, dass ein Doppeldecker mit einem totalen Motorschaden liegen bleibt, noch seltener passiert das mit derartigen Folgen für den Stadtverkehr. Ich beobachte, wie mein Bus abgeschleppt wird, und bin ein kleines bisschen stolz auf mich am Ende dieses ersten Tages.

Zu Hause rufe ich gleich meine Freundinnen und Holger an und frage, ob sie die Verkehrsnachrichten gehört haben: »Das habe nämlich ich gemacht! Ganz alleine«, rufe ich stolz und lache über meine Angeberei.

»Was hast du gemacht?«, fragen sie.

»Mein Bus hat den Stau verursacht!«

Sie sind begeistert. »Warte, wir kommen!«, rufen sie ins Telefon.

Doch da muss ich sie und mich enttäuschen. Statt einen lustigen gemeinsamen Abend auf dem Balkon zu verbringen, falle ich völlig erschöpft ins Bett. Wache zum Glück noch mal auf und stelle den Wecker für den nächsten Tag.

Mein neuer Arbeitgeber hat ein intensives Verhältnis zur Zeit. Ein Tag hat schließlich nicht nur vierundzwanzig Stunden, hier zählen auch die Minuten dazwischen, und zwar jede einzelne! Meine Schichten beginnen also nicht um 7.00 Uhr morgens oder um 23.00 Uhr nachts, das wäre glatte Zeitverschwendung. Ich fange Punkt 09.31 Uhr an, um 11.38 Uhr, manchmal auch um 15.27 Uhr. Meine Schicht beginnt um 15.49 Uhr, um 5.12 Uhr und um 03.42 Uhr. Dienstschluss ist um 00.22 Uhr, um 15.55 Uhr oder pünktlich um 19.26 Uhr.

Nach wenigen Tagen ist mir schwindlig von diesen täglichen Zeitwechseln. Ich schaue ständig auf die Uhr und auf den Dienstplan – wer soll sich solche Arbeitszeiten merken? Wie soll sich da eine Routine einstellen? Wie schaffen das die anderen?

Und wie macht man das mit den Mahlzeiten? Wenn meine Schicht nachts um 3.48 Uhr beginnt, was esse ich dann vorher? Sind späte Abendessen angebrachter als extrem frühe Frühstücke? Trinke ich ein eiskaltes alkoholfreies Bier zu Stullen mit Schnittlauch und Gurken oder schlürfe ich heißen Kaffee zu Schrippen und Müsli?

Ich frage meinen Lehrfahrer, ob er vor der Schicht frühstückt oder Abendbrot isst, aber er versteht mein Problem nicht: »Deine Familie ist jetzt die BVG. Geh halt in die Kantine, wenn du Hunger hast.«

Wir verbringen unsere gemeinsamen Tage mit kleineren Pannen. Uschi erklärt mir an jeder Kreuzung, welche Busse woher kommen und wohin sie fahren, welche Anfangs- und Endhaltestellen sie haben und bringt mich mit diesen Informationsgebirgen völlig durcheinander. Ich weiß oft nicht mal mehr, welchen Bus ich gerade fahre. Das behalte ich aber lieber für mich. Mein Lehrfahrer ist sehr geduldig. Er sagt mir rechtzeitig, wo ich abbiegen muss, wo die nächste Haltestelle kommt.

Heute sitzen wir in einer Linie, die bis weit nach Zehlendorf reicht. Hier sind die Fahrgäste in aufeinander abgestimmte, dem Wetter angemessene Farben und Stoffe gekleidet, sie haben elegante Frisuren und viel echter Schmuck baumelt an ihnen herum. Die Schulkinder sind genauso süß und frech wie überall. Und trotzdem erkenne ich die Unterschiede der Bezirke auch an ihnen. Es sind immer nur Kleinigkeiten. Ihre Schuhe sind geputzt, die Löcher in den Jeans sind kleiner, die Schultaschen, Trinkflaschen, Turnbeutel passen farblich zusammen. Ihre Individualität wirkt zahmer. Touristen gibt es hier so gut wie keine. Imposante Mietshäuser wechseln sich ab mit großartigen Villen. Prachtvolle, nichtssagende Vorgärten hinter imposanten Zaunanlagen säumen die Gehwege.

Der Bus fährt sich schneller, der Stress nimmt ab, denn es gibt keine Staus, keine Falschparker und auch sonst kaum Hindernisse auf den Fahrbahnen. Wir rumpeln zeitsparend von Haltestelle zu Haltestelle und Uschi komplettiert meine allgemeine Verwirrung mit einem Bericht über Buslinien, die früher hier gefahren sind, irgendwann aber eingestellt beziehungsweise in ihrer Streckenführung verändert wurden.

Schon von Weitem sehe ich, dass am nächsten Stopp drei ungewöhnlich gekleidete Menschen warten. Ich drücke auf den Knopf, die Türen öffnen sich, und alle drei steigen ein, aufgeregt und zögerlich zugleich. Sie flüstern miteinander. Dann stellt mir die Frau in einer kreativen Mischung aus unterschiedlichen Sprachen eine Frage. Ich verstehe nur einzelne Wörter, »Embassy« zum Beispiel. Die Frau zeigt uns umständlich ein Formular des BAMF – des Bundesamts für Migration und Flüchtlinge. Uschi und ich gucken uns an und ziehen die gleichen Schlüsse: Vor uns stehen drei Angekommene, die jetzt den Weg der Bürokratie suchen, um hier Frieden und Sicherheit zu finden.

In Zehlendorf sind unterschiedliche Botschaften und Ländervertretungen angesiedelt. Mein Lehrfahrer kümmert sich um die drei Neuberliner. Die zuständige Botschaft ist schnell erfragt und liegt fast auf unserer Linie.

»Was meinst du«, fragt der Kollege später, »sollen sie besser an der nächsten oder erst an der übernächsten Haltestelle aussteigen? Was liegt näher?«

Ein Fahrgast mischt sich ein: »Am besten steigen sie hinter der großen Kreuzung aus, dann sind es nur ein paar Meter bis zur Botschaft.«

Am Ende der Fahrt wünschen wir ihnen alles Gute und viel Glück, Uschi schenkt der jungen Frau seine Pausenschokolade. Dann winken wir ihnen hinterher, bis sie um die Ecke biegen.

Ich denke wieder, was das für ein schöner Beruf ist, und verpasse fast die Straße zum Abbiegen. Uschi ruft: »Da müssen wir rechts!«, und fügt Informationen an, welche Buslinien hier noch rechts abbiegen und welche weiter geradeaus fahren und wie deren Fahrplan sich mit unserem kreuzt oder auch nicht.

Viel zu schnell ist der Auftrag des Lehrfahrers vorbei. Ich bitte in der Chefetage um Verlängerung oder wenigstens um eine deutliche Reduzierung der zu fahrenden Linien. Als Busfahrerin wechsele ich jeden Tag mindestens einmal die Buslinie und habe im schlechtesten Fall vier unterschiedliche Strecken zu fahren. Ich bin nach zehn Tagen noch Anfängerin – zumindest in meinen Augen –, Routine hat nur die Überforderung. Mein Körper rebelliert gegen die täglich wechselnden Arbeitszeiten, mein Kopf rebelliert gegen die Unmengen an Streckenwissen, mein Geist schließlich rebelliert gegen die immense Verantwortung, die sich niemand mit mir teilt.

Das Gespräch verläuft nach dem immer gleichen Muster:

»Guten Tag, werter Chef, ich muss mal mit dir reden, hast du kurz Zeit?«

»Jetzt nicht, nach der Mittagspause.«

»Da bin ich schon wieder unterwegs. Wann ginge es denn?«

»Keine Ahnung, versuch es halt einfach später noch mal. Morgen vielleicht.«

Hier heißt es hartnäckig sein: »Aber es ist wirklich wichtig.«

»Nee, tut mir leid, ich kann jetzt nicht.«

So geht es hin und her. Zufällig kommt Uschi vorbei und attestiert mir großherzig:

»Sie ist absolut nicht in der Lage, die Streckenverläufe zu finden.« Herrlich, die eigene Dämlichkeit bestätigt zu bekommen. Ich nicke eifrig.

Der Chef hat ein seufzendes Einsehen und ich für ein paar wenige Tage einen neuen Lehrfahrer. Beruhigt springe ich in meinen Schlenkerbus, der nette Hassan mit den langen Haaren steht mir zur Seite. Er zeigt mir die richtige Strecke. In unseren Pausen fahren wir mit U- und S-Bahn zu unseren weiteren Einsätzen, denn meist ist die Übergabe der nächsten Linie nicht in fußläufiger Nähe. Hassan erklärt mir sehr bestimmt:

»Du musst die Strecken in deiner Freizeit lernen. Setz dich in die Linien, die du am nächsten Tag hast, und mach dir Notizen. So machen wir das seit dreißig Jahren und werden es für dich nicht ändern.«

Ich bin verblüfft. Dreißig Jahre! Höchste Zeit, dass sich was ändert!

»Du kannst das ja mal beim Dienstleiter beantragen, aber es wird sich nichts tun, das sage ich dir, du machst dich nur unbeliebt.«

Der Dienstleiter ist ein wütender Mann mit mehr Macht, als uns guttut. Dem möchte niemand zu nahe kommen. Mir macht seine Wut zwar keine Angst, seine Macht aber kann großen Schaden anrichten im eigenen Berufsleben. Ich verstehe die Warnung, so gut versteckt ist sie schließlich nicht, aber ich verstehe nicht die Selbstverständlichkeit, mit der die neue Familie über meine Freizeit verfügt.

Ob einer der neuen Verwandten einen guten Tag hatte oder es nur Zufall ist? Die ersten Schichten, die ich ganz allein fahre, bekomme ich unter anderem den X9 zugeteilt. Vom Bahnhof Zoo bis zum Flughafen Tegel hat er nur acht Haltestellen. Ich male mir Karteikarten für die Strecke und fühle mich fast ganz sicher.

Der X9 ist ein Bus voller Aufregung. Ob nun Urlaubsreisende völlig verschwitzt von der Aussicht, ihr Flugzeug eventuell verpassen zu können, einsteigen und sich halb ohnmächtig im Mittelgang in den Weg stellen oder Geschäftsreisende für alles außerhalb ihres schwarzen Aktenkoffers keinen Blick haben – die jeweiligen Geduldsfäden sind denkbar dünn.

Im Flughafenbus sagt niemand »Guten Morgen« oder »Hallo«, hier wird Tacheles geredet. Ein knappes »Was kostet?« ist oft der sprachliche Höhepunkt der Fahrt. Die Fahrgäste stehen ungeduldig an den Haltestellen. Wuchten und zerren ihr Gepäck die kleine Stufe hoch, werfen ihre Koffer in den Bus, schleifen teure Taschen über den Boden, ziehen an allem, was sie nicht zu Hause lassen konnten. Sie tragen ihren lästigen Alltag mit hinein in den Urlaub. Durch den Spiegel beobachte ich, wie Taschen und Koffer auf Sitzplätze gehievt und dort gestreichelt werden, wie sie umklammert, umsorgt, beachtet, geliebt werden. Im Schaukeln des Busses kleben die Gedanken an Rucksäcken, Koffergriffen, Henkeln. Die Fahrgäste selbst stehen eng an eng auf unsicheren Füßen und können ihre Finger doch nicht vom Gepäck lassen. Sie atmen Ungeduld ein und Stress aus.

»Wo geht die Reise denn hin?«, frage ich manchmal und bekomme von den in den Urlaub Reisenden ein schnelles Lächeln als Antwort. Spätestens im Flughafentunnel erreicht die Anspannung ihren Höhepunkt. Schultern werden gelockert, Bizepse aufgepumpt, Rucksäcke der Nachbarin in die Seite gestoßen. Ich habe Mühe, nicht laut ins Mikrofon zu rufen: »Auf die Plätze – fertig – los!«

An der Endhaltestelle wohnt das Chaos. Während meine Fahrgäste hinausdrängeln, stolpern, ihre Koffer hinter sich herziehen, dabei aus den Augen verlieren, dass sie nicht allein sind, wollen gleichzeitig die Angekommenen in den Bus hinein, die besten Fensterplätze für ihr Gepäck erwischen, mitfahren, den Flughafen um jeden Preis verlassen. Sie haben es genauso eilig wie die Abfahrenden. Dabei übersehen sie, dass die Endhaltestelle nicht zum Einsteigen gedacht ist und ihr Bus ein paar wenige Meter weiter vorn die Strecke beginnt.

Um in dem Durcheinander wenigstens die Busfahrerin zu entlasten, vor allem aber, um diese Linie überhaupt im Takt zu halten, stehen hier ältere Kollegen und Kolleginnen am Steig. Ihre Arbeit ist es, Auskunft zu geben, am Ticketschalter zu helfen, zu beruhigen, zu ordnen. Ich bewundere ihre Geduld. Tag für Tag werden sie von immer gleichen Fragen in vielen Sprachen umtost: »Wann kommt der Bus? Wohin fährt der Bus? Was kostet der Bus? Wie kaufe ich ein Ticket? Können Sie wechseln? Können Sie wechseln? Können Sie wechseln?« Sie fallen in keine Lethargie, sie brüllen oder weinen nicht, sie schlagen nie um sich oder verstummen. Egal, um welche Uhrzeit ich ihnen begegne, sie strahlen Ruhe, Geduld und Sicherheit aus.

An dieser Endhaltestelle ist es fast unmöglich, niemanden einsteigen zu lassen. Aber es ist sowohl meine Pflicht als auch pure Notwendigkeit. Ich muss hier in Ruhe durch den ganzen langen Schlenkerbus gehen. In all der Hektik bleiben nämlich immer wieder Dinge liegen, die nicht mit auf Reisen gehen wollten: Smartphones, Aktentaschen, Jacken, Autoschlüssel, Geldbörsen, Kuscheltiere, Koffer.

Dann habe ich manchmal noch zwei bis drei Minuten, um den Fahrtbericht zu schreiben oder aus dem Fenster zu gucken. Diese Minuten sind für mich wahnsinnig kurz, für die Wartenden an der Haltestelle, die mich alle inbrünstig anstarren oder sogar kräftig klopfen kommen, scheinen sie sich in die Unendlichkeit zu dehnen.

Es macht viele Menschen ungeheuer wütend, dass ich sie anscheinend warten lasse. Hin und wieder gipfelt es in unangenehmen Situationen.

Einmal steigt ein Mann in Anzug und Lederschuhen an der Endhaltestelle ein, knallt seine Tasche auf den Sitz und sich daneben und ruft gebieterisch: »Wann fahren Sie endlich los? Ich habe es eilig!«

»Tut mir leid, aber Sie müssen hier noch mal aussteigen, es ist die Endhaltestelle, hier müssen alle aussteigen. Schauen Sie mal, da vorne ist der Einsteigeort. Da geht es los«, sage ich.

»Was bilden Sie sich ein, ich steige nicht aus! Sie sind ein Dienstleistungsunternehmen, Sie müssen mich befördern!« Seine gute Erziehung hat er wohl im Flieger vergessen.

»Es ist, wie es ist«, versuche ich es poetisch. »Hier steigen alle aus, dort steigen alle ein.«

»Sie fahren jetzt mal besser los, bevor ich die Geduld verliere. Geben Sie mir Ihre Dienstnummer, das gibt eine saftige Beschwerde, so was ist mir ja noch nie passiert. Was glauben Sie, wer Sie sind!«

»Ich bin die Busfahrerin«, sage ich, nun schon etwas strenger. »Ich bin verpflichtet, hier eine Pause zu machen, ich muss den Bus aufräumen und pünktlich dort vorne die neue Runde beginnen.«

»Mädchen, was willst du von mir – ich bleibe hier sitzen und du fährst los, aber dalli. Deinen Job bist du auf jeden Fall los, so schnell kannst du gar nicht gucken. So eine Frechheit muss ich mir von dir nicht bieten lassen!«, schreit er.

»Sie steigen jetzt bitte aus, sonst muss ich von meinem Hausrecht Gebrauch machen«, bleibe ich sehr sachlich und schaue aus dem Fenster.

Meine Kollegen haben längst bemerkt, dass hier was nicht stimmt, sie werden aber nur einschreiten, wenn ich sie um Unterstützung bitte. Auch zwei Polizisten stehen in der Nähe und werfen mir immer wieder Blicke zu. Der Mann bläht sich auf, stellt sich drohend über mich und schreit:

»Du sagst mir nicht, was ich tun soll, du nicht!« Und fügt eine beeindruckende Menge an sexistischen Schimpfwörtern hinzu.

»Zum letzten Mal, steigen Sie bitte aus, gehen Sie die paar Schritte und lassen Sie mich meine Arbeit machen, es ist doch wirklich nicht weit bis zur Haltestelle.« Ich gratuliere mir innerlich, die Situation so gut im Griff zu haben, und versuche, meine Angst tief in die Taschen der Berufsbekleidung zu stecken. Ich stelle mich einladend in die offene Tür und weise ihm mit einer Handbewegung den Weg. Meine Kollegen und auch die beiden Polizisten sind lässig schlendernd näher gekommen.

Nun bemerkt auch er, dass wir nicht allein sind. Mit weiteren Beschimpfungen und der Drohung »Ich weiß, wo ich dich finde!« verlässt er den Bus, ich verschließe die Türen und versuche, mein Zittern in den Griff zu bekommen.

Pünktlich fahre ich schließlich los, öffne alle Türen, innerhalb kürzester Zeit ist der Bus pickepackevoll. Der Mann ist rücksichtslos rempelnd ganz hinten eingestiegen. Zwischen ihm und mir stehen, hocken, sitzen hundert unterschiedliche Menschen, die alle nur sicher, preiswert und schnell in die City gefahren werden wollen. Ich könnte mir jetzt sein gültiges Ticket zeigen lassen – aber solche Provokationen machen mir keinen Spaß. Stattdessen gebe ich Gas und fahre den Bus. Unhörbar leise singe ich dabei: »Ich bin die Königin der Straße, du Idiot.«

6. Haltestelle

Verfahrene Situationen

Es passiert öfter, als mir lieb ist, dass ich Haltestellen übersehe und mich unterwegs sogar verfahre. Schon in der Verkehrsakademie war das Finden der richtigen Strecken ein wichtiger Punkt. Die neue Familie ist sehr zugeknöpft bei diesem Thema. Jede große Firma, jede Familie hat ein dunkles Geheimnis. Bei der BVG sind das die Streckenverläufe. Statt den Bussen eine Navigationshilfe oder sonstige Unterstützung zur Verfügung zu stellen, haben wir gelernt: In jedem Bus sitzt mindestens ein Fahrgast, der Bescheid weiß. Dieser Mensch ist schnell zu finden. Es sind meist ältere Männer, die nur zu gerne dem Fahrpersonal zur Seite stehen. Sogar die Kleidung wurde uns gut beschrieben: Sie tragen konventionelle Sachen und sehr gern kleine Hüte. Sie sitzen am liebsten im vorderen Teil des Busses. Sobald wir rätseln, wo es langgeht, sollen wir diesen besonderen Mann im Bus erkennen und höflich fragen. Er wird uns mit großer Freude sein ganzes Leben erzählen und uns dabei unfehlbar auf die richtigen Wege leiten.

Sollten wir uns mal unsicher sein, wer der richtige ältere Mann ist, vielleicht, weil er kein Hütchen trägt oder nur Frauen im Bus sitzen, sollen wir ohne Scham offen fragen, wer die Linie kennt und helfen möchte.

Grundsätzlich allerdings sind wir verpflichtet, uns dieses Wissen selbst anzueignen. Wir können zum Beispiel die Streckenverläufe aus dem Internet ausdrucken, wenn uns das hilft. Von allen Busfahrerinnen und Busfahrern wird erwartet, dass sie ein privates Abfahren der Linien nach Feierabend organisieren. Oft passiert es, dass ein Kollege kurzfristig auf einer Linie eingesetzt wird, die er nie zuvor gefahren ist. Der muss nun also flexibel genug sein, um zwischen seinen Diensten die freien Stunden zu finden, in denen er seine neue Strecke kennenlernt. Einmal von Anfang bis Ende bis Anfang mitgefahren und Simsalabim – schon weiß der gute Busfahrer (hoffentlich), wo es langgeht. Manche Kollegen fahren die Strecke mit dem Fahrrad ab, andere versuchen es mit dem eigenen Auto. Die meisten sitzen matt im Bus, machen sich Notizen und Hoffnungen.

Darüber wird nur hinter vorgehaltener Kaffeetasse geredet. Obwohl es jedem Busfahrer passiert, gibt es kaum einer offen zu. Im Gegenteil. Es herrscht die allgemeine Meinung, wer sich verfahre, sei einfach zu dumm für den Beruf. Des Kaisers neue Kleider tragen hier die Könige. Den Königinnen ist wenig peinlich und die Unerfahrenheit der Anfänge schon gleich gar nicht.

Wenn ich mit dem Doppeldecker falsch abbiege, kann ich nicht einfach eine Dreipunktwendung machen oder mir eine neue Strecke suchen. Der Bus ist schwer und hoch, mit einem riesigen Wendekreis, und darf viele Seitenstraßen nicht befahren. Die Leitzentrale weiß, welche Straßen breit genug sind und welche Brücken die passende Höhe haben.

Die erste winzige Abweichung geschieht ausgerechnet auf dem X9 vom Flughafen zum Bahnhof Zoo. Dieser Bus hat auf dem Weg zum Zoo eine etwas andere Streckenführung als in Richtung Flughafen, und obwohl ich meine Karteikarten mit den farbigen Wegbeschreibungen an jeder Haltestelle neu studiere, verwechsle ich das Hin mit dem Zurück und biege falsch ab. Der Bus ist übervoll mit Menschen, die aus dem Urlaub nach Hause wollen, deren Koffer groß und schwer sind. Außerdem regnet es. Trotz der einsetzenden Dämmerung wird mir der Fehler sofort unter die Nase gerieben. Der halbe Bus schreit laut auf, der ganze Bus ist jetzt wach, und insgesamt gibt es eine Menge Trara. Ich kann die Aufregung gut verstehen, denn nun haben wir die wichtigste Umsteigehaltestelle verpasst. Zum Glück ist der Bus so voll, dass niemand zu mir nach vorn rennen kann, um mich persönlich anzuschreien. Ich parke an der Haltestelle einer anderen Linie und mache eine Durchsage:

»Ich bitte Sie alle sehr um Entschuldigung, ich bin noch ganz neu und habe einen ärgerlichen Fehler gemacht.« Der halbe Bus stimmt lautstark zu, die anderen rätseln, worum es wohl geht. »Wer möchte, kann ausnahmsweise hier aussteigen und die paar Meter zurücklaufen. Allen anderen kann ich versprechen, an der nächsten U-Bahn-Station fahrplanmäßig zu halten. Oder Sie fahren bis zum Bahnhof Zoo mit und steigen dort um. Es tut mir wirklich leid, das können Sie mir glauben.«

Aus dem Geschrei wird Gemurmel, nur einzelne Beschimpfungen stören noch die sich beruhigende Stimmung. Ich öffne die Türen besonders fließend: »Seien Sie mir bitte nicht böse! Und Vorsicht beim Aussteigen.«

Viele klettern umständlich die Stufe hinunter und machen sich durch Regen und Dunkelheit auf den Weg zurück. Ich beobachte sie über die Seitenspiegel. Die Straßen sind ganz sonntagsleer und lassen die sich vor dem Regen und Wind duckenden Reisenden fast surreal erscheinen.

Dann fahre ich weiter. Eine Frau klettert über die Gepäckstücke zu mir:

»Machen Sie sich keine Sorgen, das kann nun wirklich jedem mal passieren.«

Ich nicke.

»Aber eins muss ich Ihnen doch noch sagen: So nah an der

U- und S-Bahn, wie Sie gesagt haben, sind wir hier nicht.« Sie guckt so streng, wie es nur Lehrerinnen können.

Ich grinse schuldbewusst.

Später an der Endhaltestelle warten Holger, Sabrina und Maxi. Wir haben uns lange nicht gesehen, weil ich immer zu müde bin für alles außerhalb der neuen Arbeit. Umso größer ist die Freude! Sie haben Abendessen dabei, mit allem Drum und Dran. Wir fahren in Maxis Auto zu mir nach Hause. Während ich dusche und etwas Buntes anziehe, decken sie den Tisch auf dem Balkon, zünden Kerzen an und gießen Wein in kleine Wassergläser.

»Morgen habe ich frei!«, rufe ich durch die nassen Haare hindurch und ein einstimmiges »Hurra!« schallt mir entgegen. Natürlich erzähle ich sofort von meinem Missgeschick. Jetzt fällt die Anspannung ab, erst muss ich kichern, dann prustend lachen und zum Schluss heben wir alle die Zeigefinger fast genauso streng, wie es die Lehrerin im Bus gemacht hat.

»Du siehst fix und fertig aus«, wagt Holger mir später zu berichten. »Wir machen uns ein paar Sorgen um dich.«

»Ich sag euch, das ist so anstrengend. Immer bin ich hundertprozentig gefordert und nie kommt ein gutes Wort von den Kollegen oder dem Chef.«

»Aber du warst doch so begeistert von dem neuen Job?«, fragt Sabrina.

»Ja, das bin ich auch immer noch. Die Fahrgäste sind unbeschreiblich toll, selbst die Muffeligen sind liebenswert, das macht alles so viel Sinn und Spaß.«

»Aber?«, fragen Holger und Maxi gleichzeitig.

»Aber diese Arbeitszeiten, jeden Tag zu einer anderen Uhrzeit und die vielen Busse, jeden Tag mehrere Linien ... Kaum sitze ich hinter dem Steuer, sieht die Welt ganz anders aus. Ich achte dann auf ganz andere Sachen, hab so viel zu tun, dass ich mit den Wegen durcheinanderkomme. Ihr glaubt ja nicht, wie anstrengend es ist, die Strecken nicht zu wissen.«

Oje, jetzt fange ich an zu weinen, gegen meinen Willen, daran ist bestimmt nur der Wein schuld.

»Sprich doch noch mal mit der Leitung. Die können dir bestimmt weniger Linien geben für den Anfang. Bis du dich sicherer fühlst.« Alle nicken tröstend.

»Hab ich doch schon, die sagen nur, da muss ich durch, das haben sie alle so machen müssen und ich muss es jetzt halt auch.« Holger gießt noch mehr Wein in unsere Gläser.

»Halte durch, es kann doch nur besser werden.«

»Noch besser?« Jetzt muss ich schon wieder grinsen.

»Die Arbeitskleidung steht dir auf jeden Fall super. Du siehst richtig schick aus!«

»Ich? Schick?«

»Schick und flott!«

»Ganz schön und intelligent!«

Wir albern noch lange herum, irgendwann schlafe ich an Sabrinas Schulter ein. Am nächsten Tag stehe ich gut ausgeschlafen vor dem Spiegel und nicke mir freundlich zu: »Das Leben ist immer ein Umweg!«

Heute fahre ich den M200. Durch die Streckenführung vom Bahnhof Zoo bis in den Prenzlauer Berg ist dieser Bus besonders bei Touristen sehr beliebt und dementsprechend sehr oft sehr voll. Diese Linie verläuft unter anderem geschickt hinter dem Brandenburger Tor vorbei, ohne dem Pariser Platz wirklich nahe zu kommen. Regelmäßig steigen Touristen an der Endstation aus und suchen verblüfft ihren Sehnsuchtsort. »Where is the Brandenburg Gate?«, fragen sie und schauen voller Vorfreude in alle Richtungen. Hier ist nur Platte und Parkplatz und viel Fahrdamm. Hinten liegen ein paar ausgemusterte Matratzen neben eingetrockneten Farbeimern. Berliner Idylle halt, aber von den üblichen Attraktionen sind wir weit entfernt. Wir nehmen sie dann wieder mit zurück. Mir fällt mein frisch gelerntes Englisch ein: »Come with me, I go there.«

Manche Kollegen, und auch ich, machen deswegen an der Wilhelmstraße eine Durchsage: »Wer zum Brandenburger Tor möchte, muss gleich aussteigen und dann dort hinten um die Ecke gehen.«

Dann schallen wie auf Knopfdruck aufgeregte Fragen: »Brandenburger Tor?«, in allen Sprachen durch den Bus. Manche zeigen hektisch auf das Deckblatt ihrer Reiseführer, auf denen das Brandenburger Tor abgebildet ist. Echte Berliner erkennt man an ihrem knappen: »Raus hier!«

Auf einer großen Kreuzung fahre ich den völlig überfüllten M200er langsam geradeaus und fühle mich so richtig wohl, mitten drin zu sein im bunten Durcheinander. Plötzlich zerreißt ein lauter Schrei die Gemütlichkeit: »Sie müssen doch rechts abbiegen!«

Verflixt! Ich halte sofort an, stehe weit auf der Kreuzung und sehe gleich: Die Kurve schaffe ich von hier aus nicht. So ein Doppeldecker braucht einen klar abgemessenen Raum für alle Manöver. Hier stehen mir zwei Reihen Gegenverkehr im Weg. Um noch die Kurve zu kriegen, müsste ich fliegen können. Was nun?

Großartig ist, wie die sofortige Neugier aus unzähligen Einzelnen ein gemeinsames Ganzes macht. Die Fahrgäste starren aus den Fenstern. Auf der Kreuzung bleiben die Fußgänger gebannt stehen, der PKW-Verkehr stockt, für einen Wimpernschlag steht die große Stadt hier still. Dann geschieht das Wunder. Die vielen Autofahrer verständigen sich untereinander durch winzige Handzeichen, Blinker und Blicke. Sie setzen Zentimeter für Zentimeter zurück. Ich habe Gänsehaut, so schön ist das. Die Stimmung ist fast fröhlich, diese unerwartete Unterbrechung des Alltäglichen tut scheinbar einfach nur gut. Niemand hupt böse, aber viele lachen, zeigen mit dem Finger auf mich, mit dem Daumen nach oben. Manche Beifahrer steigen aus und machen Fotos. Und immer weiter setzen sie ihre Wagen zurück, ganz vorsichtig, damit die hinter ihnen Wartenden verstehen, was geschieht. Ich setze den Bus Stückchen für Stückchen vor, die Räder scharf rechts eingeschlagen, brauche alle Spuren, bekomme alle Spuren, fühle mich beschenkt und erleichtert. Im Bus steigt die Stimmung parallel zu den Bewegungen der Räder. Aufgeregt kommentieren die Fahrgäste alles, was geschieht. Ich höre davon aber nur wenig, denn meine ganze Konzentration gilt dem Verkehr.

Schneller als gedacht ist es geschafft! Ich habe die Kurve gekriegt, bin auf meiner Linie, fahre auf der rechten Spur weiter. Die Aufregung legt sich, das Leben geht weiter, man ist schließlich in Berlin.

Die spontane Solidarität der Autofahrer arbeitet noch lange in mir. Warum konnte diese wortlose Verständigung unter so vielen Fremden so gut funktionieren? Was ist der Auslöser für die gemeinsame Unterstützung? Wie entstehen solche Momente des minutenkurzen Zusammenseins? Ich würde mich gerne lange und ausführlich mit anderen Busfahrern darüber unterhalten, Antworten finden, Theorien aufstellen. Doch der Beruf sieht kaum Begegnungen vor und bietet keine Räume für gemeinsame Diskussionen. Man trifft sich zwar zwischen zwei Buslinien auf einen Kaffee oder eine Zigarette, aber die Themen sind weit entfernt vom täglichen Sein. Die Kollegen bleiben zufällige Fremde, die zwar genau die gleichen Klamotten anhaben wie ich, in den kurzen Pausen aber weder Zeit noch Interesse an echten Gesprächen aufbringen. Die ständige Anspannung fordert ihren Tribut, außerdem sind die aktuellen Baustellenumfahrungen und Straßensperrungen einfach wichtiger für sie als alles andere.

Bei meiner nächsten Irrfahrt bin ich wieder mit einem Doppeldecker unterwegs. Die Endstation liegt weit draußen, Straßenbeleuchtung gibt es hier kaum. Die Gegend ist mir unbekannt, die Streckenführung ebenfalls, denn hier war ich erst ein einziges Mal am helllichten Tag mit Uschi, dem Lehrfahrer. Ich weiß nur, irgendwo ist eine Wendeschleife, und die habe ich im Handumdrehen verpasst. Vor mir liegt eine Bundesstraße, hinter mir im Bus ist gähnende Leere. Es gibt kein rechts oder links, ich muss der Straßenführung folgen und ausführlich fluchen. Die Leitzentrale ist meine Rettung. Nachdem ich ungefähr beschrieben habe, wo ich bin: »Ja also, hier ist so eine zweispurige Straße mit Mittelleitplanken, ohne Beleuchtung, links und rechts ist Wald, Mischwald, vermute ich, da stehen nämlich Laubbäume zwischen den Kiefern, sehr wenig Verkehr, keine Abzweigungen. In welche Richtung ich fahre? Moment, da muss ich nachdenken.« Schnell überblicke ich das Armaturenbrett, ob vielleicht irgendwo ein Kompass versteckt ist. »Keine Ahnung, welche Richtung. Von der Endhaltestelle ging es nur geradeaus weiter, es gab keine anderen Wege. Ich bin einfach nur geradeaus gefahren.«

Nachts allein im Doppeldecker durch den Wald fahren. Gleich mehrere Plots fallen mir ein für grässliche Gruselfilme: »Erst kam der Bus, dann kam der Tod« oder »Nur die Angst fährt mit« oder »Und die Geister fuhren schwarz«. Zu guter Letzt versuche ich mir Mut zuzusprechen und rufe den letzten Titel laut in die Leere der Nacht hinein: »Der Bus war ihr Schicksal!«

Die Leitzentrale erklärt mir den weiteren Weg. »Muss ich wirklich auf die Autobahn? Gibt es keinen anderen Weg?«

»Kollegin«, sie nennen meine Busnummer statt meines Namens, was alles nur noch unwirklicher macht, »Kollegin, es gibt keinen Grund, nicht auf die Autobahn zu fahren. In fünfhundert Metern fahren Sie Richtung Berlin. Wir melden uns wieder.«

Mir ist das Wort »Autobahn« nicht geheuer, denn in Berlin haben wir den Stadtring, und niemand sagt zum Stadtring Autobahn. Ich muss also noch weiter weg vom Streckenverlauf sein, als bisher befürchtet. Und wieso Richtung Berlin? Wo bin ich? Brandenburg ist ein wunderschönes, weites Bundesland, aber ich möchte bitte nicht in Brandenburg verschollen sein.

Gegen die Angst hilft angeblich Musik. Hinter mir quietschen die leeren Sitzschalen, die Halteschlaufen schlagen den Takt, die Gestänge knallen allerdings nicht rhythmisch. Die Scheiben klirren, die Lüftung schnauft, es knarzt der Unterboden schwer. Die Reifen schnurren, drei Fledermäuse flattern vorbei. Draußen fallen die Blätter.

Irgendwann kommt eine Abfahrt, die mich allerdings nicht, wie gehofft, zum Funkturm führt, sondern auf weitere dunkle Landstraßen, an einsamen Gehöften vorbei.

»Kollegin, beschreiben Sie bitte, was Sie sehen. Bald müssten Sie an eine große Kreuzung kommen.«

»Hier ist eigentlich nichts. Ich sehe Einfamilienhäuser, Felder, Bäume. Moment – da ist ein großer Gasthof, aber ich konnte seinen Namen nicht lesen.«

»Ich bin jetzt nur für Sie da, Kollegin, keine Sorge, wir bringen Sie schon sicher nach Hause. Fahren Sie weiter geradeaus und beschreiben Sie mir einfach alles, was Sie sehen. Ich verfolge Ihren Weg auf meiner Karte, keine Sorge, bis jetzt habe ich noch alle nach Hause gebracht.«

»Ein Haus, rechts ist ein alter Konsum, daneben eine Scheune, oh, ein sehr großer Baum. Ein alter Dorfanger mit winzigem Löschwasserteich, eine kleine Feldsteinkirche. Ein abgeerntetes Feld, drei Hochsitze, aber weder Wildschweine noch Rehe. Sonst ist hier nichts, keine Straßenschilder. Jetzt komm ich an einer Telefonzelle vorbei.«

Die Kreuzung, auf die wir warten, kündigt sich mit einer ungewöhnlich guten Beleuchtung an. Ich fahre auf das Licht zu, biege, wie gewünscht, in weitem Bogen links ab, höre deutlich, dass der Straßenbelag wechselt. Und schon sehe ich das Schild, schwarze Buchstaben auf gelbem Grund: »Berlin«.

Die paar Kilometer bis zum Betriebshof finde ich fast allein. Ich bedanke mich herzlich bei dem Mitarbeiter der Leitzentrale.

Auf dem Nachhauseweg grübele ich nicht lange, wie und vor allem wo ich die Wendeschleife verpasst habe und was ich noch tun könnte, damit mir das auf keinen Fall noch mal passiert. Ich bin viel zu müde für eine innere Manöverkritik. Wichtiger ist jetzt, ins Bett zu kommen. Ein Gedanke schwirrt mir aber doch intensiv im Kopf herum: Nur gut, dass keine Fahrgäste im Bus saßen!

An einem anderen Tag fahre ich den M85, der den S-Bahnhof Lichterfelde Süd mit dem Berliner Hauptbahnhof verbindet. Es ist ein Bus mit langem Weg, knapp vierzig Haltestellen machen aus dieser Linie eine lebhafte, angenehme Mischung. Laut Fahrplan ist er innerhalb von einer Stunde an seiner jeweiligen Endstation, laut Leben dauert das allerdings regelmäßig länger. Die letzten Kilometer fährt der Bus durch den Tiergartentunnel und endet direkt dahinter an einem großen leeren Platz vor dem Hauptbahnhof.

Am Hauptbahnhof steigen immer viele Fahrgäste mit Gepäck zu. Vor allem Touristen wollen hier einen ersten Blick auf ihre Sehnsucht werfen. Dank der sehr klaren Streckenführung – von der Haltestelle aus auf die breite Straße und an der Ampel links in den Tiergartentunnel – fällt die Abweichung vom rechten Weg besonders leicht: Statt abzubiegen, fahre ich weiter geradeaus. Noch auf der Kreuzung bemerke ich den Fehler, denn wir lassen die Tunneleinfahrt links liegen, und nun gibt es kein Zurück mehr. Ein sehr kleiner Trost ist die Möglichkeit, direkt hinter der Kreuzung am Straßenrand ganz korrekt anhalten zu können und meinen Fahrgäste von dem Dilemma zu berichten:

»Wie Sie vielleicht bemerkt haben, ist mir was passiert: Ich habe den Tunnel verpasst und nun haben wir den Schlamassel. Sie können hier aussteigen und einfach über die Ampel zurück zur Haltestelle laufen. Dort wartet in Kürze der nächste M85 und macht nicht den gleichen Fehler, das verspreche ich Ihnen.«

Spürbare Unruhe im Bus. Die Fahrgäste setzen sich aufrechter hin, um besser zuzuhören. Sie schauen aufgeregt aus den Fenstern, zeigen sich gegenseitig die Beschilderung vor der Tunneleinfahrt. Sie meckern. Dabei nehmen sie kein Blatt vor den Mund, schließlich haben sie für die Fahrt bezahlt, und schimpfen wütend drauflos, schön laut, damit ich es auch wirklich höre:

»Wie blöd sind Sie eigentlich?«

»Das darf ja wohl nicht wahr sein! Wo sind wir denn hier gelandet! Das gibt 'ne saftige Beschwerde. So was muss ich mir nicht bieten lassen, hören Sie, was ich sage!«

»Sie fahren falsch und ich soll jetzt laufen? Was bilden Sie sich ein, wer Sie sind!«

»Verdammt noch mal, fahren Sie jetzt, ich habe es eilig!«

»Ist mir so was von egal, was Sie für Probleme haben – ich habe eine Fahrkarte gekauft und Sie werden jetzt fahren!«

»Frau am Steuer – Ungeheuer!«

Es fallen auch böse Schimpfwörter, die Stimmung wird aggressiver. Ich versuche es erneut: »Es tut mir leid, ich kann hier weder drehen noch umkehren. Und selbst wenn ich es könnte, dürfte ich nicht. Bitte steigen Sie einfach aus und fahren mit dem nächsten Bus.«

Ein paar Touristen und einige Berliner ergreifen meine Partei: »Das kann doch jedem mal passieren.«

»Das hat die Frau schließlich nicht extra für Sie gemacht!«

»Immer ruhig mit den wilden Pferdchen. Was soll sie denn machen? So ein kleiner Fehler und so viel Geschrei.«

»Und wenn Sie noch so poltern, schneller sind wir dadurch nicht am Ziel.«

Murrend und mit den Füßen scharrend steigen viele aus. Manche sind auch draußen noch so wütend, dass sie mir mit der Polizei drohen, mit Fäusten und mit fantasievollen Verwünschungen.

Ich würde auch gerne aussteigen und um mich treten und beneide sie kurz.

Dann bespreche ich die Weiterfahrt mit der Leitzentrale. Ich kenne mich gut aus in der Gegend und brauche nur das O.k. für meinen Streckenvorschlag, um zurück auf die Linie zu kommen. Wir werden die Untertunnelung umfahren und insgesamt nur eine reguläre Haltestelle ausfallen lassen.

Bevor ich den Bus wieder starte, setze ich die Fahrgäste in Kenntnis: »Wir fahren einen kleinen Umweg und werden etwas länger brauchen, aber ab Potsdamer Platz sind wir wieder auf der üblichen Strecke.«

Zwei Ehepaare auf Städtereise freuen sich: »Kaum sind wir in Berlin, passiert schon was. Hier ist wirklich immer was los. Was für ein Glück, dass wir ausgerechnet diesen Bus erwischt haben.«

»So etwas habe ich noch nie erlebt. Aber hier in Berlin soll es ja überhaupt wild hergehen, wer weiß, was hier noch alles normal ist. Eine Frau als Busfahrerin gibt es bei uns auch nicht. Bei Ihnen?«

»Im Leben nicht. Das ist doch kein Beruf für Frauen. ... Na ja, in der Hauptstadt ticken die Leute einfach anders.«

»Nachher, wenn wir aussteigen, machst du noch ein schönes Foto von der Busfahrerin, nicht wahr?«

Andere gesellen sich dazu, holen ihre Handys aus den Taschen und berichten von ihrem Abenteuer: »Stell dir vor, was hier gerade los ist! Der Bus ist falsch gefahren und jetzt suchen wir die Strecke ... Ja, ich sitze mittendrin! Na klar mach ich Fotos!«

Mehrere Fahrgäste kommen zu mir nach vorne und sprechen

mir ihre Solidarität aus: »Machen Sie sich keine Sorgen, junge Frau. Ist doch klar, dass Sie das nicht extra gemacht haben. Manche Menschen haben echt keinen Anstand. So ein Theater wegen so ein bisschen Umweg.«

»Falls Sie Zeugen brauchen für den Vorfall, wir hier, meine Frau und ich, stellen uns gerne zur Verfügung. Vielleicht wollen Sie unsere Ausweise schon mal sehen?«

Ich bedanke mich und winke ab.

»Na, wir sind bis nächste Woche Dienstag hier. Wie heißt noch das Hotel? Irgendwas mit A... oder I, das liegt mitten im Zentrum.«

»Das kennt die Busfahrerin doch bestimmt, Heinz, die wohnt doch schließlich hier.«

Wir fahren los. Immer wieder werde ich von Kollegen anderer Linien angehupt und fassungslos beobachtet. Als ob ich nicht längst wüsste, dass ich falsch fahre.

Unterwegs fällt mir auf, dass wir nun an vielen Sehenswürdigkeiten vorbeikommen. »Liebe Fahrgäste, rechts sehen Sie gleich Schloss Bellevue, den Sitz des Bundespräsidenten. Ist der Lappen oben, ist der Lump unten, sagte man früher.« Alle gucken rechts aus den Fenstern, sehen die Fahne oben wehen, fragen sich laut, was das zu bedeuten habe. Ich erkläre es: »Wenn die Fahne – also der Lappen – oben weht, ist der Bundespräsident zu Hause.« Als Nächstes zeige ich ihnen die Siegessäule am Großen Stern und den schönen Blick zum Brandenburger Tor: »Guck schnell, Heinz, dahinten ist das Tor, ach, jetzt hast du es verpasst, nur ich habe es gesehen.«

»Die leuchtet aber schön, ist das alles echtes Gold?«

»Die einzelnen Teile der Siegessäule sind tatsächlich frisch vergoldet. Dit Weib da obendrauf ist unsere Goldelse, die Frau, die auf größtem Fuße lebt«, hier mache ich eine dramaturgische Pause, dann folgt die Auflösung: »Schuhgröße 96.«

Lachen, Staunen und Raunen. Fragen werden durch den Bus gerufen: »Sind wir hier in Ost- oder Westberlin?«

»Wenn das hier Tiergarten ist, ist das dann der Zoo? Ich sehe aber gar keine Tiere?«

»Oh, ist das die Spree? Kann man da drin schwimmen? Oder ist das alles noch vermint?«

Die Stimmung ist entspannt, den Fahrgästen macht unsere kleine Stadtrundfahrt sichtlich Spaß. Ich bin nicht ganz so entspannt, wie ich tue, und insgeheim sehr froh, als wir die Potsdamer Straße erreichen: »Liebe Fahrgäste, dort sehen Sie unsere erste echte Haltestelle. Wir haben unseren Umweg hinter uns, ab sofort fahre ich Sie wieder regulär auf der Strecke des M85. Ich möchte mich herzlich für Ihre Geduld bedanken.«

Ein paar Fahrgäste fangen tatsächlich an zu klatschen. Der kleine Applaus ist spontan und tut gut. Ihr Berlinaufenthalt begann vielversprechend, ihr erstes Abenteuer haben sie ausführlich gefilmt, fotografiert, genossen. Mir hat es ebenfalls Spaß gemacht, trotz allem Stress. Ich mag meinen Beruf, sehr sogar.

Ich melde mich bei der Leitzentrale zurück, als ich wieder auf der korrekten Route bin. Wir stecken sofort im Berufsverkehr fest, die Straße ist verstopft, kreuz und quer fahren, laufen, stehen die üblichen LKWs, Fahrräder, Mofas, Autos, Limousinen, Fußgänger, Hunde, Schulkinder, Straßenkünstler. Tauben fliegen über uns und lassen einiges fallen. Ein leichter Nieselregen setzt ein, die Ampel springt auf Grün, aber der Gegenverkehr steht weiter im Weg und dieser M85 wird mal wieder nicht pünktlich sein.

Wer nun glaubt, zwischen diesen Highlights der verlorenen Ziele liefe alles nach Plan, der irrt. Viele Haltestellen sind vom Fahrersitz aus kaum bis gar nicht zu sehen. Tagsüber verstecken sie sich hinter dicken Bäumen und wilden Büschen, nachts reicht ihr unbeleuchtetes Stillstehen zum Übersehenwerden. Oft stehen lediglich dünne Haltestangen am Straßenrand, gerne hinter Lampenmasten oder Großstadtdekorationen. Ein ungünstig geparkter Lieferwagen reicht, um diese Hinweise zu verdecken.

In der Vorweihnachtszeit blinkt und klingt es allüberall. Der viele Weihnachtsschmuck lässt die lichtlosen Haltestellenschilder noch blasser, noch nichtssagender, noch unbedeutender erscheinen. In der Nachweihnachtszeit versinken sie im Frühnebel, in der Abenddämmerung, in wartenden Gruppen, hinter Kindern, die auf den Schultern ihrer Eltern auf den Bus warten, hinter besonders großen Hunden, müden Krähen. Kurz gesagt: Die Dinger wollen nicht von mir gesehen werden.

Die automatischen Durchsagen sind eine gute Hilfe. Kaum ertönt das Nächste-Haltestelle-Signal, beginnt meine hektische Suche. Wobei ich immer ganz cool tue, damit nur keine Unsicherheit aufkommt im Bus. Ich möchte meine Fahrgäste schließlich unbeschwert und angenehm an den Ort ihrer Wünsche fahren.

Da ich mir so gut wie sicher bin, dass Haltestellen ausschließlich auf der rechten Seite zu finden sind, scanne ich also ununterbrochen die rechte Straßenseite nach den üblichen Verdächtigen ab: irgendwas Gelbes, eventuell was Überdachtes, auf jeden Fall irgendeine Art von viereckigem Schild.

Werde ich nicht abgelenkt, klappt es meistens. Aber natürlich werde ich ständig abgelenkt, schließlich fahre ich Bus im Berliner Straßenverkehr!

Noch schlimmer ist es, wenn die Bandansage ausfällt, dann kann ich nur ungefähr abschätzen, wann es Zeit wird, einzulenken.

Am Europa-Center verpasse ich gleich mehrmals den Halt. Hier parken viele Autos in zweiter Reihe, gerne auch in der Bushaltestelle, und versperren nicht nur den Blick, sondern vor allem den Fahrgästen den Ein- und Ausstieg. Hier herrschen andere Töne:

»Anhalten! Verdammt noch mal! Sofort anhalten!«

»Wollen Sie uns kidnappen? Da mach ich nicht mit!«

»Lassen Sie uns gefälligst hier raus, aber dalli!«

»Was machen Sie eigentlich da vorne?! Schlafen Sie hinterm Steuer?«

»Sie hängen aber sehr an uns.«

Draußen an den verpassten Haltestellen schreien mir unterdessen Menschen, die ihrer Meinung nach eh schon viel zu lange auf den Bus gewartet haben, wüste Drohungen hinterher. Manchmal stehen sie traurig am Straßenrand und gucken so verloren, so stehen gelassen.

Irgendwann rede ich dann doch mal mit einem unbekannten Kollegen über das Dilemma. Er erzählt mir daraufhin, ich solle mir einfach gar keine Sorgen machen:

«Weeßte was, Kollegin? Manchmal rausch ich extra dran vorbei. Weil ich nämlich Angst habe vor die Fahrgäste! Wenn da so Horden von die Jugendlichen stehen – nee, da halt ich nicht, ich bin ja nich lebensmüde.« Ich bin erschüttert. »Ja, ick hab Bammel vor die. Was ich allet schon im Gesichte gehabt hab. Aber sachste nich weiter, nich.«

7. Haltestelle

Wie viel Störung darf's denn heute sein?

Hin und wieder fahre ich einen Bus, an dem nichts, also wirklich gar nichts auszusetzen ist. Das ist jedes Mal so ungewöhnlich, dass ich ständig auf der Lauer bin. Die Fahrzeuge sind rund um die Uhr im Einsatz auf den Straßen von Berlin. Unter den Reifen liegt oft noch das glanzvolle Kopfsteinpflaster, seit bald zweihundert Jahren tragen uns die buckeligen Steine zuverlässig von Geschichte zu Geschichte. Auf vielen Straßen wurde zwar schnöder Asphalt drübergekippt und glatt gestrichen, aber es krümelt halt, es bröckelt, es reißt. In manchen Schlaglöchern warten geduldige Kaulquappen auf die nächste Verwandlung, grazile Wasserläufer kritzeln Muster auf Regenpfützen. Im Winter nagt der Frost mit langen Zähnen am Straßenbelag. In lebhaften Kiezen leiht sich die Wut den einen oder anderen Pflasterstein und bringt ihn nicht zurück.

Doch die Straßen sind es nicht allein, die die Busse der BVG beanspruchen. In vielen Köpfen hält sich der Glaube, dass nur die Wiederholung zum Ziel führt. Es wird gegen Türen gedrückt, auf Knöpfe geknallt, an Fenster geklopft, in Sitze geschnitten, an Halteschlaufen geschaukelt. Es wird geschraubt und getreten. Unsere Busse werden Stück für Stück geliebt wie gehasst. Sie werden zu Blitzableitern des akuten Ärgers, man steckt Essensreste und Gefühle in alle Ritzen, als wären sie Vorratsschränke für schlechtere Zeiten.

Die Busse sind stabil, die können was ab, und die BVG achtet auf Sicherheit. Ausgebrannte Brems- oder Blinklichter werden schnell und zuverlässig auf der Strecke ausgewechselt. Sobald ein Bus nicht mehr verkehrssicher ist, wird er stillgelegt und repariert. Das geht ganz fix.

Doch kleine Wehwehchen machen eben auch Ärger und fordern ein Plus an Aufmerksamkeit. Jeder Fehler, jedes Ding, das nicht tut, was es soll, kostet Zeit und Nerven. Die Frage ist nur: wessen Nerven?

Hin und wieder geschieht es außerdem, dass der Fahrscheindrucker streikt. Die BVG wird davon nicht arm. Ich melde den Schaden und fahre weiter. Alles wie immer, sollte man meinen. Sogar ein bisschen schneller, weil ja niemand umständlich Kleingeld aus den Taschen kramt, dann nachfragt, welches Ticket richtig sei, und sich zu guter Letzt doch noch mal umentscheidet, weil fünf Cent fehlen. Alles einfach ein bisschen fröhlicher, könnte man denken. Weil eine unverhoffte Freifahrt sich ja doch wie ein unverdientes Geschenk anfühlt.

Aber das sehen meine Fahrgäste ganz anders.

»Einmal AB, bitte«, sagt der Mann und legt passende Münzen auf das Tablett.

»Heute müssen Sie nicht bezahlen. Gehen Sie einfach durch«, antworte ich.

»Was? Wollen Sie mir vergackeiern? Ich bin doch kein Schwarzfahrer. Hier ist meine Kohle, ich will ein Ticket!«

»Der Drucker ist defekt, ich schenke Ihnen diese eine Fahrt.«

»Nee, nicht mit mir, ist dit hier versteckte Kamera?«

Hinter ihm stehen mittlerweile andere, die ebenfalls einsteigen und bezahlen wollen.

»Geht das mal voran da vorne, rummachen könnt ihr später, ich hab's eilig.«

»Ist doch wieder typisch BVG. Erst kommse ewig nicht und wennse dann da sind, fahrense nicht.«

»Steigen Sie jetzt bitte ein und nehmen Sie Ihr Geld mit«, sage ich.

»Nein! Genau den Gefallen werde ich Ihnen nicht machen. Da staunen Sie, wa. Brauchen Sie aber nicht. Was nun? Ich bestehe auf mein angemessenes Beförderungsrecht.« Er steigt aus und fotografiert mit seinem Handy mein Nummernschild.

Die anderen drängeln mittlerweile richtig schlecht gelaunt hinein. Ich winke sie durch und hoffe, ohne weitere Diskussionen zumindest ein paar Haltestellen zu schaffen und Zeit aufzuholen.

Doch da wartet schon der nächste Kandidat: »Dann knallen Sie mir wenigstens hier so 'n Stempel drauf, dass ich kein Schwarzfahrer bin«, sagt er und hält mir eine zerknitterte Supermarktquittung entgegen. Ich muss leider lachen, denn Humor bringt uns hier nicht weiter.

»Ich lade Sie ein. Ist doch auch mal schön, oder! Kaufen Sie sich ein paar Blumen von dem Geld.«

»Was gibt es da zu lachen? Blumen? Warum soll ich jetzt Blumen kaufen? Ich kauf keine Blumen.«

Er guckt mich fast angewidert an und geht kopfschüttelnd zum nächsten freien Sitzplatz und erzählt sofort den anderen davon: »Blumen soll ich von meinem Fahrgeld kaufen, hat sie gesagt. Muss am Wetter liegen. Die BVG ist auch nicht mehr, was sie mal war.«

»Das waren schöne Zeiten, damals. Da gab es so was nicht. Zum Glück hab ich eine Monatskarte. Mit mir kann sie das nicht machen.«

»Ich hab mir mal sicherheitshalber die Busnummer aufgeschrieben, man weiß ja nie.«

Natürlich gibt es auch andere Reaktionen. Ein »Oh, das ist aber nett!« oder ein »So fahre ich am allerliebsten« bekomme ich ebenfalls zu hören.

Später am Tag stehen zwei befreundete Touristenpaare aufgeregt vor mir, um die jeweiligen Vor- und vor allem Nachteile auszudiskutieren, bevor sie die Entscheidung für vier Tageskarten oder ein Gruppenticket treffen. Und während sie noch Argumente, Fragen und die Erfahrungen der Nachbarn, die schließlich auch schon in Berlin waren und mit der BVG gefahren sind, vorbringen, unterbreche ich sie mit einem einladenden: »Lassen Sie Ihr Geld stecken und suchen sich vier schöne Plätze aus. Die BVG schenkt Ihnen vier Freifahrten mit einem Bus: diesem!«

Ich fahre los und lenke meine Aufmerksamkeit auf den Verkehr. Die Diskussionen, was »diese Busfahrerin« gesagt hat, interessieren mich zwar sehr, aber keinen Unfall zu bauen interessiert mich einfach noch ein bisschen mehr.

Minuten später sind sie zu einem einstimmigen Ergebnis gekommen und schicken den mutigsten Mann vor, um mir ihre Sicht der Dinge zu unterbreiten. Da steht er also etwas schwankend, die Augen fest auf die um den Hals hängende Kleingeldtasche gerichtet, und sagt mir: »Das ist aber nicht erlaubt.«

»Genießen Sie einfach die Fahrt, mein Drucker ist außer Dienst. Ich kann Ihnen keine Tickets verkaufen, selbst wenn ich wollte.«

»Das darf man aber doch nicht!«

Das macht mich so gut wie sprachlos. Da steht ein erwachsener Mann und erklärt mir die Kleinlichkeit der Welt. Ich zucke mit den Schultern: »Sie fahren auf meine Verantwortung kostenlos mit. Wenn es Sie beruhigt, könnten Sie beim nächsten Mal einfach die doppelte Anzahl Tickets kaufen.« Er wägt ab, berichtet den anderen von unserem Gespräch. An der Haltestelle kommt er zurück: »Wir steigen hier aus. Wir sind nämlich ehrliche Bürger.«

Weil mir die ganze Sache mittlerweile doch Spaß macht, benutze ich die Antwort der doppelten Fahrkarten öfter. Erst werde ich komisch angeguckt, wenn ich »Kaufen Sie das nächste Mal halt zwei Tickets« sage. Doch nur Sekunden später ist der Scherz »angekommen« und die Fahrgäste grinsen, manche kommen gar lachend zurück und freuen sich: »Der war gut, den merk ich mir!«

Auch wenn erstaunlich viele Menschen anders darüber denken, behaupte ich frech und frei: Schlimmer als ein defekter Fahrscheindrucker sind so gut wie alle anderen möglichen und unmöglichen Störungen.

Bis ganz kurz vorm Schreien bringt mich eine Türstörung der besonderen Art. Die Mitteltüren gehen immer auf, zu, auf, zu. Das klingt erst mal nicht besonders schlimm. Ist es aber. Denn jedes Tür-auf-Tür-zu kostet Zeit. In meinem Display leuchten die Minus-Zahlen immer dringlicher. Erst bin ich nur ein paar wenige Sekunden verspätet, dann aber schon über eine, zwei, drei, vier Minuten. Das kann ich nicht aufholen auf den kurzen Strecken zwischen zwei Haltestellen. Zusätzlich drücken Fahrgäste zu gern kurz vor der Abfahrt hektisch auf den Halteknopf, um doch noch auszusteigen, wenn die Türen gerade auf- und wieder zugegangen sind, was zu weiterem Schleifen in der Türmechanik führt.

Die gut platzierte Verspätungsanzeige, die in jedem Display dem Fahrpersonal auf die Minute genau anzeigt, wie viel schneller der Bus hätte sein müssen, erhöht den inneren Stress ungemein. Immer vor Augen zu haben, dass ich meine Arbeit nicht gut mache, selbst wenn ich sie gar nicht gut machen kann, weil ja diesmal die Technik schuld ist, verstärkt den Frust und die Nervosität ungeheuer. Es ist eine psychologische Marteranzeige. Die unvermeidbaren Verspätungen nie aus den Augen verlieren zu können, ist anstrengender als jedes Gemecker der Leute, denn sie haben ja recht mit ihren Beschwerden: Ich bin zu spät. Von manchen Kollegen habe ich längst den Rat gehört, ein Zettelchen über die Verspätungsanzeige zu kleben für die Dauer meines Dienstes. Ganz klein muss es sein, mit Spucke angeheftet, damit es bei den vielen unangemeldeten Kontrollen unterwegs schnell und unauffällig abfällt. Aber das schaffe ich nicht. Dazu fehlt mir die Zeit und auch der Sinn. Denn selbst, wenn ich sie nicht mehr sähe, wüsste ich doch ganz genau: Sie ist da und lauert nur auf meinen Blick.

Die Vorgaben der Fahrtzeiten sind wohl alle auf dem Reißbrett entstanden. Das Reißbrett muss in einem Rosengarten gestanden haben, Schmetterlinge flatterten umher und kleine Vögel sangen liebliche Lieder. Jederzeit gab es frischen Kaffee und prall gefüllte Pfannkuchen für die Zeittaktplaner. Ein wohltemperiertes Klavier füllte die vielen Pausen mit Entspannungsmusik und ringsherum standen Schüsseln voller Kartoffelsalat und Currywurst. Der Himmel war blau. Gebratene Bouletten tanzten mit frischem Falafel in die offenen Münder hinein. Süße Kätzchen und Hundewelpen spielten derweil unter dem sonnenbeschienenen Reißbrett. Im echten Leben nämlich hätten sie für die Linien, die durch den dichtesten Verkehr fahren, etwas mehr knallharte Realität in die Fahrpläne eingebaut. Statt auf die Minute genaue und damit schier unerfüllbare Ankunftszeiten vorzugeben, hätten sie mit der Erfahrung der Berliner ein »ungefähr«, ein »nach Möglichkeit« und ein »im besten Fall« hineingeschrieben. So viel Ärger und Stress könnte durch dieses bisschen mehr Tatsache sowohl den Fahrgästen als auch den Busfahrern erspart bleiben.

Unterdessen ist meine Verspätung auch der Leitzentrale aufgefallen.

»Kollegin, wir verkürzen Ihre Linie, damit Ihre Verspätung wieder ausgeglichen wird. An der nächsten Haltestelle lassen Sie alle aussteigen. Die Fahrgäste sollen mit den Bussen hinter Ihnen weiterfahren. Wenden Sie bitte an der nächsten Kehre, fahren Sie zurück zur Endhaltestelle und beginnen dort die neue Runde. Danke.«

»Na toll«, grummele ich in meinen weißen Kragen und stelle dann das Mikrofon an: »Es gibt eine spontane Änderung der Routenroutinen: Denjenigen, die an der nächsten Haltestelle eh aussteigen wollen, sage ich auf Wiedersehen und guten Weiterweg. Allen anderen verkünde ich hiermit, dass unser Bus an der nächsten Haltestelle endet. Vielen Dank für Ihr Verständnis. Bitte alle aussteigen.«

Großes Gemecker, die Beschimpfungen bewegen sich in kreativer Art und Weise rund um die BVG im Allgemeinen und mich im Besonderen. Die Mitteltüren können nicht genug bekommen von ihrem Tür-auf-Tür-zu. Und so sind am Ende alle genervt. Die Leitzentrale, weil ich ihre rosaroten Taktvorgaben schon wieder nicht erfüllt habe, die Fahrgäste, weil sie aus unerfindlichen Gründen aus ihrem Bus geworfen wurden, und ich, weil ich keine Chance hatte, meinen Fahrplan einzuhalten, und die Verantwortung dafür tragen muss.

Bei der Ablösung berichte ich dem Kollegen von der Türstörung und er fragt perplex zurück, warum ich das nicht längst gemeldet habe. Nun, ich hatte es natürlich gemeldet, aber meine Vorgesetzten waren der Meinung, so eine kleine Störung sei kein Grund, gleich den ganzen Bus auszutauschen. Nun ist selbst der Kollege genervt, und ich erkläre diesen Arbeitstag mit sofortiger Wirkung für beendet.

In der überfüllten U-Bahn auf meinem Weg nach Hause steht ein junger Mann, greift in seine Hosentaschen, hebt die vollen Hände hoch über seinen Kopf und lässt Rosenblütenblätter regnen. Mit großen Augen schauen wir zu, wie die dunkelroten Blüten durch die U-Bahn-Luft fliegen. Ein paar Sekunden lang ist Schönheit im Tunnel. Erst als auch das letzte Blütenblatt am Boden liegt, drehen sich unsere Köpfe wieder zurück in die aktuelle Realität. Der junge Mann lehnt sich an die Haltestange, sieht genauso müde aus wie ich. Am U-Bahnhof weht der Zugwind ein paar Blütenfetzen ins Gleisbett. Kaum fährt die U-Bahn weiter, huschen die Schottermäuse herum und ziehen das Rot in ihre winzigen Höhlen.

Am nächsten Tag beginnt mein Dienst auf der Strecke. Ich löse einen Kollegen ab, der mir in aller Eile einen kurzen Überblick gibt: »Ist soweit alles in Ordnung. Ruhigen Dienst, Kollegin.«

Dieses »soweit« kenne ich und bin dementsprechend gespannt, was es diesmal ist. Fast zu schnell lüftet der Bus sein Geheimnis: Die Verriegelung des Aufbewahrungsfachs an der Inneneinrichtung unserer Fahrkabine klinkt sich bei jeder kleinen Erschütterung auf und knallt gegen mein Bein. Die blauen Flecken beißen sich mit dem Blau der Berufsbekleidung, aber das sieht ja fast niemand. Doch kaum habe ich ein Stückchen Pappe zwischen die Verriegelung geklemmt und so die Tür zur anhaltenden Schließung verpflichtet, taucht die nächste, wahrhaft monströse Störung auf.

Eine Demonstration zwingt den Verkehr zu spontanen Umfahrungen. Das wäre nicht weiter schlimm, wenn ich nur diese Orientierungsprobleme nicht hätte. Die Leitzentrale informiert uns: »Hallo Kollegen« – oh, nur die Männer? Aber ich höre natürlich trotzdem weiter zu: »Wegen einer Demonstration zwischen Potsdamer Platz und Kanzleramt wird die Linie M48 folgendermaßen umgeleitet...«

Es folgt eine rasend schnelle Abfolge von Straßen, die ich zu einem Teil nicht kenne und zum anderen Teil nicht verstehe.

»Haben das alle notiert?«, fragt die Zentrale, und ich wage es, nachzufragen:

»Bitte, das war zu schnell. Wo geht es lang?«

Die Straßenabfolge wird wiederholt, noch schneller als beim ersten Mal. Ich habe mir ab der zweiten Abbiegung nichts mehr merken können.

»Ist jetzt alles klar?«

»Nein, tut mir leid.«

»Lassen Sie sich überholen und folgen dann dem Bus vor Ihnen«, ist die unwirsche Antwort.

Solche plötzlichen Änderungen der Linienführung geschehen häufig. Es gibt viele Unfälle auf unseren Straßen und viele Demonstrationen, es gibt Rohrbrüche, Polizeieinsätze, Hochzeitskorsos, stecken gebliebene Bierbikes. Ich wende mich dann oft vertrauensvoll an meine Fahrgäste, die tatsächlich meist gut und immer gerne helfen, ganz egal, ob sie kleine Hütchen tragen oder nicht.

Oft steigen Mütter und Väter mit Kinderwagen ein. Die Fahrten sind für kleine Kinder anstrengend. Sie wollen raus aus dem Buggy, klettern, irgendwo anders sitzen, dem Nachbarkind den Teddy wegnehmen, und weinen schnell, weil das alles nicht geht.

An einem hektischen Nachmittag steigt eine Frau mit ihrem Kleinkind ein, sie stellt den Kinderwagen in die Lücke und setzt sich daneben auf den Klappsitz. Ihr Kind weint. Sie versucht es zu beruhigen und wird selbst immer nervöser. Sie spürt die Gedanken der anderen. Das Kind derweilen weint und schreit. Jetzt sind es schon drei Haltestelle, dann vier. Ich schaue in den Spiegel und spüre den wachsenden Stress mehr, als dass ich ihn sehe. Die Stimmung im Unterdeck wird schlechter und gereizter. Dabei kann das kleine Kind nichts dafür – es weint schließlich nicht zum Vergnügen.

»Trau ich mich?«, frage ich mich. Ich schäme mich noch zwei Ecken weiter, dann mache ich den Lautsprecher an. »Ich geh mit meiner Laterne und meine Laterne mit mir. Dort oben leuchten die Sterne ...« Ganz sachte singe ich das alte Lied.

Schnell reagieren die Frauen im Bus und – singen mit! Ich bin erleichtert. Mein Versuch, das kleine Kind zu trösten, zu beruhigen, ist von diesen Fahrgästen sofort richtig verstanden worden. Die Mutter allerdings guckt ganz böse.

»Oje, hätte ich mich mal lieber nicht getraut«, überlege ich, »wie peinlich.« Doch jetzt ist es zu spät, jetzt muss wenigstens die erste Strophe gesungen werden, sonst ist die Blamage zu groß. Und ich kann ja nicht weg, ich kann mich weder verstecken noch so tun, als wäre ich es nicht gewesen. Singe also leise weiter und fahre dabei konzentriert meine Strecke. An der nächsten Haltestelle drehe ich mich kurz um Entschuldigung bittend um zur Mutter. Die anderen Frauen winken mir munter zu, ein paar Erwachsene singen oder summen leise die zweite Strophe, klatschen dabei rhythmisch in die Hände. Das Kind weint längst nicht mehr, es hört zu und entspannt sich. Lacht sogar glucksend, wie nur kleine Kinder es können.

Beim Aussteigen wirft die Mutter mir einen Gruß zu und winkt den anderen. Die winken zurück und ich weiß, ich muss mich nicht schämen, die Einmischung nimmt mir niemand übel.

Das Weiterfahren verzögert sich allerdings, bis ich mehrere Male hintereinander, in wechselnder Lautstärke »Machen Sie mal zügig die Mitteltüren frei« ins Mikrofon gerufen habe.

Die beliebtesten Plätze im Bus sind die Türbereiche. Ob ein uralter Instinkt daran beteiligt ist, dass sich die Menschen quasi ohne eigenes Zutun möglichst eng an die Türen drängen, hat die Wissenschaft bisher nicht erforscht. Dabei wäre das ein spannendes und sehr hilfreiches Projekt. Steckt wirklich ein frühmenschlicher Fluchtgedanke dahinter oder ist es pure neuzeitliche Bequemlichkeit, keinen Zentimeter mehr als unbedingt nötig Abstand von den Türen zu nehmen?

Mir ist das im Prinzip ganz egal. Wir stehen wie ein Engel mit gebrochenen Flügeln mit weit offenen Türen an den Haltestellen herum, und ich spreche wieder und wieder den heiligen Satz, mal freundlich, mal lachend sogar, aber meist nur noch diskret amüsiert: »Machen Sie mal zügig die Mitteltüren frei!« Ich habe alles probiert. Den Touristen erkläre ich es sogar, aber jeweils nur ein Mal: »Sie dahinten an den Mitteltüren – ja, genau Sie. Es zieht, wo's fahren soll, es bleibt, was doch weitergehen muss. Darf ich Sie bitten, die Türen freizugeben?« Die Touristen tuscheln immer, bevor sie rücken. Sage ich den Satz »Machen Sie mal zügig die Mitteltüren frei« mit autoritärem Unterton, springen sie erschrocken hinein in den Bus und man merkt, wie unangenehm ihnen das alles ist. »Hauptstadt will gelernt sein«, beruhigt sie ein höflicher Berliner mit frischen Tätowierungen auf Hals, rasiertem Kopf und Dekolleté.

Eigentlich sollte es jeder, wirklich jeder Mensch, der mit dem Öffentlichen Nahverkehr unterwegs ist, wissen: Unsere Türen haben eine Lichtschranke, und solange jemand oder etwas über den gelben Markierungsstreifen am Boden ragt, ist sie unterbrochen.

Im Rückspiegel beobachte ich die Reaktionen nach dem Satz. An der hinteren Tür rucken und zucken die Fahrgäste meist eindrucksvoll auf der Stelle, tippeln ein paar Zentimeterchen hin und her und schauen dabei flehentlich möglichst weit weg. Niemals können sie es sein, die den ganzen Bus am Weiterfahren hindern, im Leben nicht! Das muss an irgendetwas anderem liegen.

Davon lasse ich mich zwar beeindrucken, aber der Automatik der Tür ist das schlicht egal. Oft muss ich nachlegen: »Auch an der hinteren Tür geht der Bus zu. Versprochen.« Und dann: »Ist vielleicht ein Arzt im Bus? Wir benötigen einen Spezialisten für die hintere Tür.«

Am kniffligsten ist es, wenn Kopfhörer und Smartphones jede

Außenwahrnehmung auf ein Minimum beschränken. Ich sehe deutlich, dass mich diese Fahrgäste nicht hören. Dann hilft nur Körperkontakt weiter. Meistens kümmern sich die Nachbarn darum. Eine Berührung, so rücksichtsvoll und dezent sie auch sein mag, überwindet die technischen Barrieren und macht nicht nur die Türen frei, sondern sorgt oft genug auch für einen Ausruf des Erschreckens: »In welchem Bus bin ich hier? M85? O verdammt! Ich muss hier raus, halten Sie sofort an! Wie gehen denn diese verflixten Türen auf?!«

Die gefährlichsten Störungen geschehen allerdings außerhalb des Busses und sind nicht so einfach zu lösen. Denen ist es egal, ob ich »bitte« sage oder nicht. Mir ist auch oft eher zum Weinen oder zum Schreien zumute, und manchmal möchte ich am liebsten aussteigen und zutreten. Ungezählte Male passiert es nämlich, dass ein ganz besonders guter Autofahrer, eine ganz besonders rasante Autofahrerin Millimeter vor mir einschert. Besonders gerne wird dieses Manöver kurz vor einer roten oder rot werdenden Ampel durchgeführt. Ich muss dann nicht nur möglichst weich und trotzdem präzise bremsen, diese Verkehrsteilnehmer stellen sich auch selbstverständlich auf meine Busspur und blockieren die Busampeln, die an ausgesuchten Straßen uns Bussen einen winzig kleinen, aber sehr wichtigen Vorteil verschaffen. Diese Ampeln hat jeder schon mal gesehen: Statt Rot-Gelb-Grün zeigen sie Striche-Kreise-Dreiecke und sind ausschließlich für den öffentlichen Nahverkehr. Sie ermöglichen mir an großen Kreisverkehren das gefahrlose Einwechseln auf die Fahrspur und an viel befahrenen Kreuzungen und Straßen das Losfahren an sich, denn im dichtesten Verkehr lässt niemand gerne einen Bus vor. Diese Sonderzeichen regeln mehr Verkehr, als allen Nicht-Busfahrern bewusst ist.

Die Lichtzeichen geben mir also freie Fahrt – aber da stehen sie mit ihren winzigen Autos vor mir. Triumphierend blicken sie auf die

Autofahrer neben sich herab. Dass sie hunderte Menschen blockieren, nachdem sie sie unnötig gefährdet haben, ist zu unsexy, um auch nur drüber nachzudenken. Manchmal bin ich so wütend, dass ich ganz nah an sie heranfahre und hupe. Das hilft zwar nichts, aber wenigstens gucken alle, und in meiner Vorstellung rutschen diese Autofahrer dann kleinlaut immer tiefer unters Steuer und schwören sich, nie wieder einen Doppeldecker zu ärgern. Ein kurzer Tagtraum, in dem ich Superkräfte habe, die Ärmel hochkrempele und diese Autos ganz lässig mit links anhebe, um sie dann auf ihrer Spur abzustellen, entspannt mich ein wenig.

Wir verlieren viel Zeit durch diese Verkehrsegoisten, und nicht nur die Fahrgäste ärgern sich, auch die Menschen an den Haltestellen warten länger als nötig auf den nächsten Bus und maulen gleich beim Einsteigen die Busfahrerin an.

Ein ähnliches, aber ganz anderes Problem sind die Störungen, die durch Falschparker entstehen. Den Hauptgewinn bekommt ein Glaser von mir verliehen. Ich begegne ihm auf einer langen Linie, die mittags besonders von älteren Menschen und Schulkindern benutzt wird. Der Glaser stellt seinen Lieferwagen »nur ganz kurz mal« mitten auf die zweite Spur. Kein Bus kann da vorbei, ich also auch nicht.

Hupen hilft nichts. Ich stelle den Motor aus und schaue mich um, ob ich den Fahrer des Wagens vielleicht entdecke.

Nach wenigen Minuten kommen die ersten Fahrgäste zu mir: »Kann man helfen? Wenn wir alle zusammen vielleicht ... Was meinen Sie?«

»Alle zusammen was?«, frage ich vorsichtshalber zurück, denn wenn eins feststeht, dann, dass den Berlinern alles zuzutrauen ist.

»Ärmel hochkrempeln und das dicke Ding da zur Seite schieben natürlich, was dachten Sie denn?«

Zwanzig Minuten später haben wir den Glaser aufgespürt.

Die Beschimpfungen der folgenden Fahrgäste, die mindesten zwanzig Minuten an der Haltestelle warten mussten, übertreffen das übliche Maß. Ein Mann beschimpft mich gar dermaßen schlimm, lang und laut, dass er unter der Zustimmung aller anderen eine letzte Ermahnung erhält: »Noch so ein Satz und sie können dem Bus von draußen hinterherwinken.« Gesellig, wie man im Bus gerne ist, solange es einen nicht selbst betrifft, geben viele schnell noch ihren Senf hinzu und zeigen dem Störenfried, was eine Harke ist. Meckern ist nämlich jederzeit erlaubt, richtig ernsthafte Beleidigungen oder gar Drohungen aber nicht.

Die zuverlässigsten Störenfriede von allen sind und bleiben halt die Fahrgäste. Da kann man noch so viel drum herumreden – ohne unsere Fahrgäste wären alle Busse immer sauber, immer in Ordnung und stets pünktlich, die Busfahrerin wäre entspannt und ausgeglichen.

Ohne die vielen Fahrgäste wären unsere Busse aber auch leer, lustlos, lieblos. Auf allen Plätzen säße die Einsamkeit neben der ewigen Ruhe. Selbst die Langeweile guckte frustriert aus den blitzblanken Fenstern.

Ich würde heulend hinterm Steuer sitzen und eben doch einen Unfall bauen oder eine Haltestelle verpassen. Es gäbe all die unbeschreiblich wunderbaren Begegnungen nicht, die den Beruf der Busfahrerin erst zu dem machen, was er ist: unverwechselbar einzigartig. Die unzähligen kleinen und großen Macken meiner Fahrgäste, die seltsamen Fragen, das komische Verhalten, das ständige Blockieren der Türen, das Schimpfen und Lachen, das laute Telefonieren und nervende Beschweren und all die täglichen Sorgen und Ängste und Freuden und das Glücklichsein und die große Liebe, der Kummer und die Krankheiten, das Alte und das Junge, die Not und der Überfluss – all das und noch sehr viel mehr passt in den Bus.

Und was vielleicht das Allerschönste ist, ist das ständig wechselnde Zusammenrücken, die unentwegte Bewegung der Fahrgäste, die ich in meinem Bus erlebe.

8. **H**altestelle

Ups, da hat's gescheppert: Kratzer,
Beulen und Patzer

Der obligatorische Anfängerschock bleibt mir zum Glück erspart: Normalerweise fährt man in den ersten Wochen mindestens einen Außenspiegel gegen einen Baum oder Laternenmast. Das knallt und splittert dann beeindruckend. Ich jedoch bemerke nicht mal meinen ersten Unfall, was irgendwie auch enttäuschend ist. Immerhin verursache ich einen bemerkenswerten Sachschaden.

Es geschieht während einer Leerfahrt mit Lehrfahrer. Ich unterschätze das Ausscheren meines Hinterteils beim Abbiegen um wenige Millimeter und touchiere einen parkenden PKW. Es machte gar kein Geräusch, es gab keine Quietscher oder zerplatztes Glas. Aber mein toller Lehrfahrer hat das unbestimmte Gefühl, da wäre was gewesen, und bittet mich anzuhalten. Nur ihm ist es zu verdanken, dass der Besitzer erfährt, was die gesamte Fahrerseite seines kleinen Autos zerbeulte. Hier erst sehe und verstehe ich mit allen Konsequenzen, wie gewaltig ein Doppeldecker ist. Nahezu lautlos hatte eine kleine Ecke des Busses ein ganzes halbes Auto zerstört und dabei selbst keinen Kratzer abbekommen.

Die Polizei ermahnt mich ausführlich und lässt mich versichern, immer gut aufzupassen im Straßenverkehr, auch auf das Hinterteil meines Busses.

Wochen später komme ich in einer engen Straße erneut einem

geparkten Auto zu nahe und knicke seinen Außenspiegel ab. Diesmal hatte ich den Hinweisen eines Kollegen vertraut, der mir mit seinem Doppeldecker entgegenkommt. Um uns gegenseitig ausreichend Platz zu verschaffen, müsse ich viel näher ran an die Parkspur: »Noch näher ... noch ein bisschen ... ja ja, keine Sorge, das passt schon, vertrau mir, Kollegin ...«

Das übliche Prozedere setzt ein: Ich benachrichtige die Leitzentrale und warte auf die Polizei. Weil mein Bus den Weg versperrt und die nächste Haltebucht nur wenige Meter vor mir in klarer Sichtweite liegt, fahre ich entgegen den Aufforderungen der Leitzentrale diese sehr kurze Strecke und mache in der Haltebucht den Weg für alle anderen frei. Die freuen sich.

Die Polizei aber, die nach der nicht ganz unwesentlichen Wartezeit von knapp einer Stunde eintrifft, vermerkt dieses Aus-dem-Weg-Parken als mögliche Fahrerflucht und schreibt mir einen Strafzettel.

Solche Bußgelder zahle ich selbst mit meinem eigenen Geld. Meine Nerven liegen blank. Die eigene Verantwortung ist in diesem Berufsalltag ein schwieriger Balanceakt. Einerseits ist man völlig auf sich allein gestellt in dem nach allen Seiten einsehbaren Fahrerkabuff, andererseits hat man eine Vielzahl an Regeln und Vorschriften zu befolgen und muss jede Entscheidung, jede Bewegung von aller Öffentlichkeit bewerten lassen.

Nach einer unruhigen Nacht bin ich dank meines Dampfbügeleisens und sehr viel starkem Kaffee wieder tipptopp in Form und bereit für alles. Denke ich jedenfalls. Die täglichen Unterschiede der Arbeitszeiten bringen mich nämlich noch viel mehr durcheinander, als mir bewusst ist. Ganz sicher kann ich in diesen Monaten nur hell und dunkel unterscheiden. Ob es Morgen oder Abend ist, wird schon schwieriger. Das völlige Verschwinden jeder zeitlichen Routine kann jungen Menschen vielleicht egal sein. Ich aber bin eine deutlich »ältere Frau« und als solche brauchen Körper und Geist eine ungefähre Beständigkeit. Morgens geht die Sonne auf, abends geht sie unter. Mehr kann ich mit Gewissheit nicht sagen. Oft erkenne ich nur an den Geräuschen, die mich aus dem Schlaf holen, die Tageszeit. Klingelt der Postbote, singen die Schulkinder, knallen die Türen der Nachbarn, muss früher Vormittag sein. Laute Autoradios, Klavierübungen, bellende Hunde zeigen den späten Nachmittag an.

Vor jedem Schlafengehen überprüfe ich mehrere Male die winzigen Arbeitszeitenzettel. In dieser Woche beginnt demnach um 4.46 Uhr, um 7.39 Uhr, um 9.34 Uhr, um 3.53 Uhr, um 6.01 und um 5.40 Uhr die Arbeit. Was leider nie auf den Zetteln steht: Wann geht man schlafen, um pünktlich um 4.46 Uhr gewaschen und sortiert einen anspruchsvollen Tag zu beginnen? Wie schläft man ein ohne die übliche Regelmäßigkeit? Wie funktioniert die innere Uhr, wenn die äußeren Begebenheiten ständig wechseln? Wo findet die tägliche Erneuerung statt? Ich stelle den Wecker, ziehe die Vorhänge zu, schlafe ein, schrecke hoch, lese erneut, kontrolliere den Wecker, schlafe wieder ein.

Und doch geschieht es: Statt um 3.53 Uhr stehe ich um 2.53 Uhr frisch und flott vor meinem Rangierer und warte munter grüßend auf die Schlüssel und Unterlagen. »Was willst du hier?«, fragt er. Er ist einer von denen, die ihre Macht über andere besonders genießen und gern ausspielen. Der ganze Hof redet über ihn. Viele warnen mich in dunklen Ecken, wenn sonst niemand zuhört: »Pass bloß auf, der Rangierer kann dir das Leben zur Hölle machen, wenn er will. Sei lieber still und nicke nur immer. Guck einfach zu, wie wir es machen.«

Nun ja, das waren nicht die schlechtesten Tipps. Die Kollegen geben ihm tatsächlich immer recht, sie kuschen und lassen ihre Selbstachtung draußen neben dem großen Aschenbecher. Oft reicht das dem Rangierer nicht. Er will mehr. Je mehr Männer im Rangiererhaus sind, umso fulminanter ist seine Darbietung. Je deutlicher die Unterwerfung, umso erträglicher die Zusammenarbeit.

»Was willst du hier?«, fragt er also und ich antworte:

»Guten Morgen. Gib mir bitte meine Schlüssel.«

»Du kriegst keine Schlüssel, ich hab nichts für dich.«

»Was muss ich tun, damit du mir meine Schlüssel gibst?«

»Pünktlich sein!«

»Mein Dienst beginnt um 53 und ich steh hier seit halb. Wie pünktlich denn noch?«

»Mach du deine Arbeit und lass mich in Ruhe.« Er stöhnt und zeigt den anderen per Handbewegungen, wie blöd ich bin.

»Lesen kann sie auch nicht«, erklärt er den Umstehenden.

Ich verstehe nur Bahnhof, denn wenn ich was kann, ist es Lesen. Ein Kollege zieht mich in eine Ecke und fragt mich leise: »Wann beginnt denn dein Dienst?« Ich krame den Arbeitszeitenzettel aus meinen Unterlagen und lese mit ihm zusammen: 3.53 Uhr.

»Und wie spät ist es jetzt?«

An der Wand hängt eine große Uhr und zeigt mir meine Dummheit. Ich bin eine Stunde zu früh! Eine ganze Stunde! 60 kostbare Minuten, die ich in meinem warmen Bett hätte schlafen können. Stattdessen stehe ich jetzt hier und schwanke – soll ich lieber über mich oder über den Rangierer lachen?

»Könnt ihr mal sehen, wie lieb ich euch alle habe!«, rufe ich.

»Wir dich aber nicht«, ruft der Rangierer zurück.

Ich gehe in den Ruheraum. Dort stehen dicke Sofas und tiefe Sessel. Der Raum wird nur selten vom Fahrpersonal benutzt, denn wenn es auf einem Betriebshof der BVG etwas nicht gibt, dann ist es zu viel Ruhe.

Der Betriebshof ist ein wohlgeordneter Ort. Mitten in die Stadt gebaut, kennen ihn doch nur die wenigsten. Es ist ein Ort voller außergewöhnlicher Schönheit. Ich komme gerne ein paar Minuten früher als unbedingt nötig, verweile, sauge die Bilder, Farben, Gerüche und Geräusche in mich hinein und hebe sie sorgfältig auf.

Selbst dieser Ruheraum, in dem ich die Minuten zähle bis zum korrekten Arbeitsbeginn, trägt einen Stolz in sich, der von behäbigen Jahren voller Sehnsucht nach Beständigkeit erzählt. Und sogar hier in diesem stillen Raum atmet alles Männlichkeit.

Nach einer unruhigen Stunde trete ich erneut in die Rangiererwelt ein. Diesmal legt er schnell Schlüssel und Unterlagen auf den Tisch und wendet mir dann den Rücken zu. Mir ist das recht, ich kenne ja sein Gesicht.

Die Zeit findet immer neue Wege, mich zu überraschen. Völlig unerwartet erreiche ich an einem ruhigen Abend die Endhaltestelle des kurzen M19 rechtzeitig und habe nun sagenhafte zwanzig Minuten Pause! Zwanzig Minuten! Das ist kaum zu glauben, und so suche ich erst mal drei Minuten lang nach dem Fehler. Danach rufe ich Bibi an.

»Diese Prüfungen bringen mich um den Verstand«, stöhnt sie. »Ich kann nicht mehr.«

»Gibst du auf?«

»Nie im Leben. Niemals. Aber ich bin schon wieder durchgefallen, und jetzt haben sie zu mir gesagt, ich brauch nicht mehr kommen, nur noch zum Papiereabholen.«

»Was? Und jetzt?«

»Jetzt erst mal zu der Tante vom Arbeitsamt, und dann mach ich den Führerschein woanders.«

Was kann man sagen? Nichts. Oder? Ich falle fast die Treppe runter, setz mich in die offene Tür und zähle die Sterne.

»Wie geht es denn dir, erzähl. Und was machen die anderen?«, fragt sie.

»Ich hab gerade Pause. Von den anderen hab ich lange nichts gehört, bin ja nur noch am Arbeiten und Schlafen. Ist alles sehr anstrengend. Und so aufregend! Conny ruft manchmal an. Sie ist krank geworden gleich in der ersten Woche und ist jetzt schon eine Weile krankgeschrieben.«

»Ich hab dich schon ein paar Mal gesehen, wie du die Clayallee langfährst, und dann beneide ich dich immer so. Du siehst so selbstbewusst aus.« »Hmm, na ja, also weeßte ...«

Conny hat sich für die sogenannten »geteilten Dienste« entschieden, weil sie »auf jeden Fall noch ein Leben ohne BVG« haben möchte. Auf ihrem Betriebshof am westlichen Rand der Stadt ist das kein Problem. Dort ist es längst nicht so stressig und intensiv wie auf meinem Hof. Dort starten weniger Linien, fahren weniger Busse und es gibt weniger Fahrgäste. Alles ist entspannter, freundlicher, man kann auch mal durchatmen.

Mit den geteilten Diensten sind die Wochenenden immer frei. Ihre Arbeitszeiten variieren nur in der Woche. So ist zum Beispiel Dienst von 4.00 Uhr bis 7.00 Uhr früh. Die nächsten fünf Stunden hat sie frei und kann spazieren gehen beziehungsweise »den Haushalt machen«, wie es in der BVG heißt. Der zweite Teil des Arbeitstages dauert fünf Stunden.

Diese Teilung bringt Conny allerdings keine Ruhe, sondern das genaue Gegenteil. Sie wartet den ganzen Tag auf den zweiten Arbeitsbeginn, kann nicht mehr schlafen, verliert den Appetit.

Ihre Enttäuschung teilt sie nur mit wenigen, denn Freundinnen und Bekannte können nicht nachvollziehen, wie schwer ihr neuer Beruf ist. Sie machen dumme Witze statt Kräutertee und bringen Conny nur noch mehr in Panik. So schwer es auch ist, mit Mitte fünfzig einen neuen Beruf zu erlernen – noch viel schwerer ist es, mit Mitte fünfzig den neuen Beruf wieder aufgeben zu müssen.

Conny, Roswitha und ich reden, so oft es geht, und das ist viel zu selten, miteinander über unsere Arbeit. Auch Roswitha ist krankgeschrieben. Auch ihr ist der neue Job in die Knochen gefahren, wortwörtlich. Beide brauchen lange, bis sie wieder auf festen Füßen stehen und die BVG hinter sich lassen können.

Mit all diesen Gedanken in Kopf und Herz setze ich mich hinter das Lenkrad, starte den Motor, genieße das Rumpeln und Rattern in der klaren Abendluft. Die Uhr zeigt mir weitere acht Minuten Pause an. Acht leere Minuten, in denen nichts geschieht. Ich starre auf das Armaturenbrett. Jetzt noch sechs.

»O.k., ich fahr jetzt ganz langsam los, dann ist ein wenig Luft nach oben«, entscheide ich und setze erleichtert den Blinker. An der ersten Haltestelle warten schon viele. Ihre Freude gilt zwar nur der Beförderung, aber sie wärmt auch mich ein bisschen auf.

»Guten Abend«, grüßen sie beim Einsteigen, »wie schön, dass Sie so pünktlich sind, das hat man ja echt nur selten!«

Binnen Sekunden ist der Bus voller Zufriedenheit. Ich fahre ganz langsam weiter, wir haben ja mehr Zeit im Gepäck als nötig.

Da knarrt die Sprechanlage und die Stimme der Leitzentrale knurrt: »Wagen 1234, Wagen 1234.«

»Ja, hier ist Wagen 1234.«

»Sie wissen, dass Sie zu früh sind. An der nächsten Haltestelle steigen alle aus, Sie wenden und fangen von vorne an. Und zwar pünktlich!« Das Knurren wird zu einem Bellen.

»Aber ...«

»Kein Aber.«

Die folgende Durchsage gehört nicht zu meinen Glanzstücken.

»Werte Fahrgäste, Sie müssen leider alle hier aussteigen. Ich bin zu früh losgefahren.«

»Ich muss jetzt aussteigen, weil der Bus keine Verspätung hat? Wirklich?« Dieser Satz hallt besonders laut durch das ganze Unterdeck.

»Es tut mir wirklich leid, aber ich muss den Anweisungen folgen. Aus Versehen bin ich etwas zu früh los und bringe den ganzen Linienplan durcheinander.«

Der Funk meldet sich erneut, diesmal ist ein wütender Kollege dran: »Sach mal, Keule, du fährst meine Strecke. Was soll der Mist?! Halt an und lass mich vorbei, ich bin vorne, nicht du!«

Die Verärgerung der Fahrgäste wird immer größer. Mir tut mein Fehler mittlerweile sehr leid, dahinter aber denke ich, dass eine neue Art der Flexibilität allen, besonders den Fahrgästen, guttäte im anspruchsvollen Innenstadtverkehr. Soll der Kollege mich doch überholen, wen kümmert das? Sollen meine Fahrgäste doch sitzen bleiben, kommen sie halt mal rechtzeitig an ihre Ziele. Wen stört das?

Doch der strikte Fahrplan regiert unseren Tag, und weil das schon immer so war, wird es auch weiter so bleiben, da ist die Familie stur. Jedes Abweichen wird streng reglementiert. Ob ich nun zu früh oder zu spät bin, macht gar keinen Unterschied! Die geschriebene Zeit auf dem Einsatzplan zählt mehr als das tatsächliche Leben auf den Straßen.

»Es muss halt alles diese Unordnung haben, ich muss die nicht verstehen, nur befolgen. Ich kann das wahrscheinlich gar nicht verstehen, ich bin ja hier die Neue, die neue Doofe«, versuche ich zu denken, während die Fahrgäste wütend aus dem Bus stapfen und der Kollege mir mit der Faust droht beim Überholen. »Du bist jetzt ein knirschendes Rädchen im großen Getriebe«, nicke ich dem Spiegelbild in der Frontscheibe zu und verweigere allen Menschen, die gerade neu einsteigen wollen, den Weg: »Tut mir leid, dieser Bus wendet hier. Nehmen Sie den Bus vor mir, bitte.«

»Was stimmt nicht mit diesem Bus hier?«

»Ich bin zu früh. Der korrekte Linienbus steht hier vor mir. Fahren Sie bitte da mit. Aber beeilen Sie sich ein bisschen.«

Zwischen diesen Zeitfallen existiert eine sehr entspannte Zusammenarbeit zwischen der Polizei und der BVG, über die viel zu wenige Worte gesprochen werden. Beide Berufe finden vor allem auf den Straßen statt. Man sieht sich oft und weiß von der Mühe und dem Schrecken des anderen. Ich freue mich jedes Mal über das Winken der Wachen vor den Botschaften. Obwohl es nur winzige Zeichen der Aufmerksamkeit sind, tun sie einfach gut.

Im Falle eines Geschehens, welches den Straßenverkehr behindert, sorgen Verkehrspolizei und Betriebsaufsicht der BVG für eine möglichst reibungsarme Umfahrung, denn der Öffentliche Personennahverkehr genießt in diesen zum Glück seltenen Fällen eine Vorzugsbehandlung.

Eines Tages geschieht ein schrecklicher Unfall – ein Fußgänger wird von einem Auto überfahren, liegt schwerstverletzt auf der Straße. Sanitäter und Notärzte kämpfen um sein Leben. Planen schützen den sterbenden Mann und seine Retter vor den Blicken und Handyfotos der anderen.

Ich stehe mit dem vollen Bus nur wenige Meter entfernt. Längst sind mögliche Umfahrungen von der Polizei erkundet, und in enger Zusammenarbeit mit den Verkehrsexperten der BVG werden alle weiteren Busse hinter mir schnell umgeleitet. Nur wir stecken hier fest. Es ist längst ein ungeduldiger Stau entstanden. Auch meine Fahrgäste werden unruhig: »Wie ist das, fahren wir bald wieder?« Obwohl alle es direkt sehen und verstehen könnten, fordern sie Erklärungen und offizielle Durchsagen von mir.

»Vor uns ist ein schwerer Unfall geschehen. Wir werden eine Weile hier stehen.«

»Eine Weile? Was für eine Weile denn?« knallt mir ein älteres Ehepaar empört an den Kopf.

»Die Türen stehen Ihnen offen. Wann es weitergeht, hängt von der Arbeit der Notärzte ab.« Ungefähr die Hälfte der Fahrgäste steigt murrend aus. Es ist allen klar, dass der Weg zur nächsten U-Bahn weit ist. Aber die Gegenfahrbahn ist frei und sie können dort mit einem anderen Bus zurück und an der nächsten Haltestelle mit der richtigen Linie weiterfahren. Nach einigen Diskussionen mit besonders unwirschen Leuten beruhigt sich die Stimmung im Bus. So kann ich nun mit der Betriebsleitung und der Verkehrswacht sprechen.

Der zuständige Verkehrsmeister bietet an, die Straße hinter mir freizuschaufeln und mich rückwärts bis zur nächstmöglichen Kreuzung zu lotsen. Ich wäge die Energie und den Zeitaufwand ab und bedanke mich für diese Möglichkeit. Gemeinsam mit dem Mann von der Betriebsaufsicht entscheide ich, stehen zu bleiben. Es wird nicht lange dauern, bis wir auf der ganz rechten Spur vorsichtig an den Krankenwagen vorbeifahren können.

Der Verkehrsmeister akzeptiert nur zu gern, denn wir wissen alle: Es ist zwar nicht unmöglich, aber sehr nervenaufreibend, Berliner Autofahrer dazu zu bringen, einen Bus durchzulassen. Das Ungerechtigkeitsgefühl ist in solchen Situationen sehr groß und wird den Polizisten und dem Buspersonal ohne Abstand fantasievoll an den Kopf geschimpft.

Während wir uns die Hände reichen und einen guten Tag wünschen, äußere ich meine tiefe Sorge, denn wenige Schritte vor uns liegt ja immer noch ein Mensch und schwebt zwischen Leben und Tod.

»Hoffentlich kommt er durch«, sage ich zu dem Polizisten. Er schaut mich an und rutscht für einen Moment aus der professionellen Haltung. Meine Worte haben ihn mitten ins Herz getroffen, das sieht man. Wir gehen ein paar Schritte den Bürgersteig entlang und er umarmt mich plötzlich kurz und fest. Wir schauen uns in die Augen und sehen die Angst. Das Leben gehört uns allen, der Tod immer nur jedem Einzelnen.

Für Sekunden stehen wir mitten in der Stadt und sind einfach nur zwei Menschen, die um das Überleben eines Unbekannten bangen.

Zum Glück geschehen solch schwere Unfälle nur selten. Obwohl die Unvernunft in allen Autos, Fahrrädern, Mopeds immer ganz vorn mit dabei ist, überwiegt das gute Gelingen auf den Straßen. Trotzdem fahre ich vorausschauend und umsichtig und lasse lieber eine übermütige Gruppe Schulkinder in aller Ruhe die Straße überqueren, obwohl die Fußgängerampel längst auf Rot gesprungen ist, als dass ich sie durch Hupen und Drängeln in Gefahr bringe.

Das Durcheinander der Großstadt verführt nicht nur zum schnellen Fahren; es gibt immer wieder Menschen, die im Schutz der schieren Menge Böses vorhaben, Böses planen, Böses tun. Sie unterschätzen dabei oft die Chuzpe der betroffenen Menschen. Die flinke Berliner Zunge hat mit ihrer treffsicheren Analyse der jeweiligen Schwachpunkte schon so manchen Angreifer in die Flucht geschlagen. Der Berliner an sich lacht erst mal aus, das gehört zur Tradition. Diese gut gepflegte Wurstigkeit kann gerade jungen Unholden den verbrecherischen Wind aus den Segeln treiben. »Uns kann keener«, heißt nicht umsonst ein oft benutzter Berliner Spruch. So ist die erste Reaktion auf einen Überfall hin und wieder unerwartet:

»Wat willst du von mir? Geld? Haben meine kühlen Ohren richtig gehört?« Woraufhin sich der Überfallene an die Allgemeinheit wendet und laut ausruft: »Die Flitzpiepe hier will Geld von mir. Ick lach mir gleich tot. Habt ihr mal nen Euro? Nee? Dann fragen wir einfach die Bullerei, die spendieren dir was. Garantiert! Kiek an, nun läufste doch lieber mit die eigenen Füße, wa?!«

Die zunehmende Gewaltbereitschaft verlagert solche Dialoge allerdings mehr und mehr ins Hinterzimmer. Ständig steht irgendwo ein Gepäckstück herum, das als mögliche Bombe behandelt werden muss. Wie oft wir schon dem tollen Theo, dem kleinen Bombenentschärfer-Roboter, zugeguckt haben, wie er mit Präzision und Kraft Aktentaschen, Koffer und Rucksäcke geöffnet hat, kann ich nicht zählen. Jedes Mal zieht ein genervtes »Nicht schon wieder« durch die Stadt, wenn im Radio die weiträumige Sperrung der jeweiligen Fundorte bekannt gegeben wird. Umso wunderbarer, dass die Polizei mit der immer gleichen Sorgfalt und Ernsthaftigkeit reagiert.

Ich stehe hinten am Alexanderplatz und nutze die kurze Pause für ein bisschen Gymnastik. Das sieht zwar unseriös aus, wie ich da in meiner vollständigen Berufsbekleidung neben dem Doppeldecker die Arme kreisen lasse, Kniebeugen mache, hüpfe, auf der Stelle hopse, in die Luft boxe – aber damit komme ich klar.

Schon von Weitem sehe ich eine Polizistin und einen Polizisten zielsicher auf mich zulaufen. Nun hege ich doch Zweifel; hat mich etwa jemand wegen ungewöhnlichen Verhaltens angezeigt, muss ich jetzt ins Röhrchen pusten?

Die beiden grüßen höflich, ich grüße neugierig zurück. Und dann stellen sie ihre Frage: »Sind Sie der Bus mit der Bombe?«

»Nein, tut mir leid.«

»Stehen denn hier noch weitere Busse Ihrer Linie?«

»Hier nicht, aber da vorne um die Ecke steht ein Kollege. Vielleicht fragen Sie den mal?«

»Alles klar. Vielen Dank für den Tipp.«

»Gern geschehen.«

»Tut uns leid, dass wir Sie beim Sport unterbrochen haben. Schönen Feierabend.«

9. Haltestelle

Mehr Charme als Chance

Als Busfahrerin bin ich immer in der Öffentlichkeit. Unzählige Augen beobachten jede Bewegung, jeden Blick. Jede Geste wird registriert und unmittelbar bewertet. Ein bisschen Narzissmus würde hier helfen, ist aber so gut wie unbekannt in der unteren Riege der BVG. Wir müssen alle selbst sehen, wie wir mit der ständigen Beobachtung klarkommen.

Viele Busfahrer blicken stur ins Blaue, wenn sich die Bustüren öffnen. Bedenkt man, mit wie vielen Menschen sie im Laufe ihrer Arbeit in Kontakt kommen, kann ihnen das keiner verübeln. Sie verkriechen sich in ihre blaue Jacke, ducken sich mit schiefen Schultern übers Lenkrad und wähnen sich unsichtbar. Wenn ein Kontakt gar nicht zu vermeiden ist, gucken sie genervt und brummen, über alle Maßen erschöpft von so viel Dummheit, kurze Antworten. Vor ihnen läuft man lieber weg, und das ist ihr Erfolg. Ihr Beruf ist schließlich das sichere Fahren und Befördern.

Andere begreifen die Arbeit vor allem als gesellschaftliche Leistung. An einer Haltestelle anzukommen, die Türen zu öffnen und zuzusehen, wer einsteigt, ist jedes Mal ein Gefühl wie Wundertüten öffnen: Du weißt nie, was beziehungsweise wer kommt.

Die allermeisten freuen sich einfach über die winzigen Interaktionen, über das Wahrnehmen, mag es auch noch so anonym und oberflächlich sein. Niemand erwartet mehr als das gegenseitige Bemerken von Mensch zu Mensch. Wer vorn einsteigt, kennt die Regeln.

In den ruhigeren Außenbezirken packen sich die etwas älteren Fahrgäste gerne ein paar Süßigkeiten ein und schenken mir eine winzige Tafel Schokolade, zwei Hustenbonbons oder einen Streifen Kaugummi. Sie sagen nichts dazu, was ihre Gaben nur noch herzlicher macht. In der Vorweihnachtszeit bringen sie mir kleine Zweige Tannengrün, umwickelt mit selbstgehäkelten Schleifen, und zu Nikolaus legt mir ein weißhaariger Herr drei Nüsse und eine Mandarine aufs Tablett.

Die Jüngeren, die ohne Ticket mitfahren wollen oder müssen, verstecken sich nicht etwa zwischen all den anderen, die mit tiefen Augen in die Mitteltüren drängeln. Sie steigen vorn ein und fragen: »Ich habe meinen Schülerausweis zu Hause liegen gelassen, darf ich trotzdem mitfahren?«

Ein Teenager erklärt mit ernstem Gesicht: »Ich habe ganz ganz ehrlich eine Monatskarte. Aber die liegt bei meiner Mutter und ich hab bei meinem Vater übernachtet. Und jetzt hab ich kein Geld für einen Fahrschein. Könnten Sie bitte eine einzige Ausnahme machen? Ich brauch eigentlich sogar nur eine Kurzstrecke.«

Manchmal steigen Kinder ein, kramen in leeren Hosentaschen und suchen ihren Mut: »Ich habe leider gar kein Geld dabei.« Ein kurzer Blick von schräg unten, ein neues Atemholen: »Könnte ich bitte ohne Geld mitfahren? Nur drei Stationen.« Es regnet in Strömen, und selbst wenn die Sonne scheinen würde, könnte ich niemals ein Kind oder eine Jugendliche stehen lassen. Natürlich nicke ich ihnen zu und freue mich über ihre Erleichterung. Die meisten winken zum Abschied oder bedanken sich sogar erneut, bevor sie, wie versprochen, nach drei Stationen aussteigen.

Man lernt sehr schnell, die Schwindeleien von der Wahrheit zu unterscheiden. Einem Mädchen die vielen kleinen Münzen zurück in die Hand zu schieben und zu sagen: »Kauf dir da mal lieber ein Eis von« ist in jedem Fall eine richtige, verantwortungsvolle Entscheidung.

Den vor Aufregung schwitzenden jungen Studenten aus fernen Ländern zu glauben, dass ihr nagelneues Semesterticket wirklich irgendwo zwischen Büchern und Heften im Rucksack steckt, ist vielleicht ihre erste angenehme Erfahrung in der unbekannten Stadt.

Eines Tages steht ein mittelalter Mann mit dem Button für Sehbehinderte am Jackett an der Haltestelle in Schöneberg und betastet die Haltestelleninformation. Ich frage ihn: »Hallo, wollen Sie mitfahren? Das ist der M19.«

»Ja, auf Sie hab ich gewartet!«, ruft er und tastet sich vorwärts. Er berührt die Türen, die Sitze und das Gestänge sorgfältig und findet schließlich den freien Sitz direkt an der Tür. »Können Sie mir Bescheid sagen, kurz bevor ich aussteigen muss, bitte? Ich fahre bis zum Mehringdamm.«

»Aber sicher doch.«

Seine Art, den Bus zu betreten, ist so ungewöhnlich, dass ich ihn einfach fragen muss: »Sehen Sie denn gar nichts mehr?«

»Nein, ich bin zu hundert Prozent blind.«

»Wäre denn nicht ein Hilfsmittel ganz gut? Ein Stock oder ein Hund oder was es sonst so gibt?«

»Ja, das wäre super! Aber es gibt da so Wartezeiten. Stocktraining kann ich mir nicht leisten und der nächste Platz im Kurs, der keine Zuzahlung braucht, ist erst in ein paar Monaten frei. Den hab ich reserviert. Jetzt muss es halt noch so gehen.«

»Und bis dahin laufen Sie einfach völlig blind durch die Stadt?«

»Ach, das ist gar nicht so schlimm. Ich bin noch nicht lange blind und erinnere mich gut an alles.«

»Sie verlassen sich allein auf Ihr Gedächtnis?«

»Was bleibt mir übrig ... Ich hab einfach keine Lust, mein Leben aufzugeben, nur weil ich nichts mehr sehen kann.«

Das können wir beide verstehen.

»Aber warum kosten denn diese Kurse was? Zahlt das nicht die Krankenkasse?«, frage ich ihn.

»Ja, doch. Nur eben gibt es gerade nicht genug Plätze für die kostenlosen Kurse. Dieses Stocktraining dauert eine Weile. Die Wartezeiten sind lang.« Er betastet die Fensterscheibe sorgfältig. »Vielleicht habe ich mich zu spät angemeldet, aber ich hatte plötzlich so viel zu tun.«

»Hmm.« Meine Hochachtung für ihn steigt und steigt. »Gleich kommt Ihre Haltestelle.«

»Ist nicht so schlimm, wie's aussieht«, beruhigt er mich und grinst. Dann tastet er sich aus dem Bus hinaus, sucht die Umgebung mit weit ausgestreckten Händen ab, findet seine Richtung und schlurft nun über die Pflasterung des Fahrradweges, weiter über den Bürgersteig, um dann an der Häuserwand entlang weiter seinen Weg zu machen.

Diese getakteten Einblicke in andere Leben berühren mich. Was für eine bunte Gesellschaft ist das, in der wir so selbstverständlich leben und aneinander vorbeigehen! Bewunderung ganz anderer Art entspringt aus den Unterhaltungen der Fahrgäste unter sich, denen ich dank angemessener Lautstärke gut folgen kann. Alle Sitzplätze sind belegt, als ein Mann unschätzbaren Alters zusteigt. Für die einen ist er dank seiner spärlichen grauen Haare und der Falten im Gesicht deutlich über mittelalt, für sich selbst mag er jung, ja jugendlich fast sein. Auf seinem Weg durch den Bus fragt ihn ein klarer Teenager gut gelaunt und überaus höflich: »Wollen Sie sich setzen?«, und erhebt sich gleichzeitig.

»Willst du mich verarschen!?«, knallt ihm der angesprochene Mann voller Saft und Kraft ins fast noch kindliche Gesicht, jedes Wort eine schallende Ohrfeige.

Sowohl die Lautstärke als auch der gewaltige Satz an sich lässt den Schüler hilflos zurück in den harten Schalensitz fallen. Die Zuhörer halten noch immer den Atem an und alle Ohren offen. Erst als die Busfahrerin in schallendes Gelächter ausbricht, löst sich der Bann, der Mann steigt, empört nach weiteren Worten suchend, einfach wieder aus, die Schüler wiederholen ein ums andere Mal den Satz der Sätze und erkennen nun auch den Witz der Situation. »Willst du mich verarschen!?«, klingt in den unterschiedlichsten Intonierungen durch den Bus. Die Busfahrerin wischt sich die Lachtränen von den Wangen. Die neu einsteigenden Fahrgäste schütteln genervt die Köpfe, ich drücke vergeblich auf den großen Knopf und rufe dann mit neuem Schwung: »Könnse bitte mal zügig die Mitteltüren frei machen!«

Im allgemeinen Vergleich schneiden die Schulkinder und Jugendlichen, die sehr jungen Erwachsenen bei mir viel besser ab als bei meinen Kollegen. Während die viel davon erzählen, wie frech und sogar unverschämt sich »die Jugend« verhält, wie oft sie im Dienst von jungen Menschen belästigt, sogar bedroht werden, kann ich nur vom genauen Gegenteil berichten. Mir werden weder die Scheiben bespuckt oder gar mit Flaschen oder Steinen beworfen, noch habe ich jemals ein ungutes Gefühl. »Das kann ja noch kommen«, beruhige ich die Kollegen, denn wir wissen, dass es jeden treffen kann. Zu oft werden Busfahrer das Ziel von Wut.

Eines Tages steigen zwei Schulmädchen ordnungsgemäß hinten aus und rennen dann, Hand in Hand, nach vorn. Da stehen sie und lächeln mich an: »Vielen Dank für die schöne Fahrt!«

Oft steigen Menschen aus anderen Städten und Dörfern zu. Ob

sie wissen, wie unterhaltsam sie allein durch ihre selbstbewusste Art sind, in allen unbekannten Situationen den Vergleich zum eigenen Dorf und zur nächstgelegenen Kleinstadt zu suchen?

Immer wieder bleiben sie vor mir stehen und starren mich an. Manchmal fragt mich jemand barsch: »Sind Sie der Busfahrer?«

»Nein.«

»Nein? Sie sind nicht der Busfahrer? Wer sind Sie denn dann?«

»Ich bin die Busfahrerin.«

Für die Ausbilder in der Verkehrsakademie mag es selbstverständlich sein, dass allein mein Geschlecht zu Diskussionen, Beleidigungen und auch Belästigungen führt. Für mich ist es eine ständig neue Enttäuschung. An müden Tagen trage ich manchmal einen protzigen, goldenen Ring in der berechtigten Hoffnung, dass er mich vor anzüglichen Aufdringlichkeiten schützt. Dabei sind es vor allem die Besucher der Stadt, die eine Frau hinterm Steuer für eine Art Freiwild halten. Es gibt aber auch Berliner, die es unverschämt finden, dass eine Frau hinter dem Steuer sitzt: »Ihr Emanzen macht wohl vor nichts halt! Und die Männer sind arbeitslos! Schämen Sie sich!«

Zum Glück ist das aber nur die eine Seite der Medaille. Oft kommt es zu witzigen, charmanten Flirts. Erstaunlich, wie attraktiv mich mein Bus macht. An roten Ampeln lachen junge Männer mir zu, ältere werfen auch schon mal einen Luftkuss ins Fenster. Es gibt Augenblicke voller knisternder Spannung und herrlich frecher Gesten.

Dadurch, dass die Linien ständig gewechselt werden, sieht man sich meist nur ein Mal. Ein schöner Mann trifft mich zufällig beim Umsteigen wieder und holt schnell wie der Wind eine Blume vom grünen Mittelstreifen. Die überreicht er mir dann feierlich, und wir freuen uns beide auf unser nächstes zufälliges Treffen.

Eine Frau bleibt freudestrahlend vor mir am Flughafen Tegel stehen: »Erkennen Sie mich denn nicht? Sie haben mich vor zwei Wochen zum Flughafen gefahren. Mit Ihnen hat mein Urlaub angefangen, und jetzt treffen wir uns hier wieder! Wie schön.«

Berliner fragen gern direkt: »Sind Sie noch solo? Habe ich Chancen?«

»Eine Frau wie dich suche ich mein ganzes Leben lang! Wann hast du Feierabend?«

Sie freuen sich über freche Antworten ganz genauso wie ich mich über ihre unverschämten Avancen.

Noch tolldreister sind nur die Touristen, die mir ihre Smartphones mitten ins Gesicht halten, um ein Foto zu machen, ein Beweisfoto für die Lieben daheim. Dabei ist ihre Begeisterung für diese unerwartete Entdeckung, dass in der Hauptstadt auch Frauen Bus fahren können und dürfen, so groß, dass sie jede Zurückhaltung auf später verschieben und mir sowohl ungefragt viel zu nahe kommen als auch meine Arbeit gefährden. Denn so ein Skandalfoto soll schließlich nicht nur dieses langhaarige Weib hinterm Steuer dokumentieren – nein! Auch sie selbst wollen mit auf das Foto, damit zu Hause auch wirklich alle glauben, was sie erlebt haben.

»Na, möchten Sie auf meinen Schoß? Soll ich ein Stückchen rutschen? Das passt schon, Sie müssen nur die Luft anhalten. Hopp!«, ermuntere ich die Aufdringlichsten. Dass es nur ein Scherz ist, hält sie nicht zurück – im Gegenteil! »Ist das möglich? Darf ich mit hinter das Steuer? Das wäre ja zu cool. Wann denn? Jetzt gleich? Oder an der nächsten Haltestelle vielleicht besser?«

»Nein! Sie dürfen weder hinters Steuer noch mich fotografieren. Foto ist hier nicht. Hamwa uns da jetzt verstanden?«

Nun sind sie beleidigt, natürlich. Sie finden, ihre Bitte wäre doch total berechtigt gewesen und ein solches Foto würde mich weit über die Stadtgrenzen hinaus ehren. Der ganze Stammtisch in ihrer Heimatstadt wäre begeistert.

»Eine kleine Ausnahme könnten Sie aber schon machen. Ich zahle das auch. Zwei Euro?«

»Entweder Sie setzen sich jetzt sofort oder Sie nehmen einen anderen Bus, werter Herr! Aber dalli, wenn ich bitten darf!«

Irgendwie begeistert sie das schon wieder. Und sie haben umso mehr zu erzählen über diese seltsame Stadt und ihre unfreundlichen Einwohner.

Einzelne Touristenpaare sind oft einfach nur neugierig und stellen Fragen beim Fotografieren: »Gibt es denn viele Frauen bei Ihnen? Machen Sie das schon lange? Ist das nicht zu anstrengend für eine Frau?« Doch sobald sie in kleinen Gruppen unterwegs sind, fällt jede Scheu.

Einer Vierergruppe – zwei Frauen, zwei Männer – muss ich gar mit der Polizei drohen. Sie stellen sich mitten auf die Busspur, um mich von allen Seiten zu knipsen. Dabei rufen sie mir Befehle zu: »Lächeln! Drehen Sie den Kopf mal nach links! Gucken Sie aus dem Seitenfenster! Lachen Sie mal! Jetzt! Nicht so unfreundlich!«

»Ich möchte nicht fotografiert werden. Gehen Sie bitte zur Seite, damit ich weiterfahren kann.«

»Iris, stell dich mal direkt vor die Scheibe, dann kriege ich euch beide drauf. Richtig nahe ran, ja, so ist super. Leg die Hand auf die Scheibe. Das machst du toll! Und jetzt mal richtig freundlich gucken!«

»Bernd, hast du die Frau durch die Türen fotografiert? Mach mal, das sieht super aus.«

»Ob Sie mal eben einen Knopf aufmachen können und den Hemdkragen so locker hochstellen? Das dauert nicht lange.«

»Rudi, stell dich mal neben das Fenster und guck hoch, guck ihr mal so anhimmelnd in die Augen! Ja, genau so! Und Sie gucken meinem Rudi mal sehnsüchtig ins Gesicht, aber nur gucken, verstanden! Und lächeln nicht vergessen! Moment noch, ich will nur eben die Scheibe sauber wischen. Sie könnten allerdings auch die Scheibenwischanlage anmachen. Mitdenken ist nicht so Ihre Stärke, oder?«

»Ich kann gleich hier über meinen Funk die Polizei rufen, wenn Sie jetzt nicht sofort die Straße räumen und aufhören, mich zu fotografieren! Das dauert auch nicht lange.«

»Stimmt also doch, was man sich von euch erzählt. Unfreundlich bis zum Gehtnichtmehr, keine Kinderstube! Kein Wunder, dass niemand euch Berliner mag!«

10. Haltestelle

Der nächste Bus kommt gleich

Busfahren ist so viel mehr als reine Beförderung von A nach B. Busfahrerinnen und Busfahrer üben viele unbezahlte Zusatzfunktionen aus, die wenig mit dem Lenken zu tun haben. Sie sind Hausmeister und Streitschlichter, Auskunftsstelle und Trostspender, Ordner und Schiedsrichter.

Es ist also sehr leicht, sich durch den Tag zu meckern. Anlässe gibt es wie Sand am Meer. Um eine Situation wirklich zu deeskalieren oder zu entspannen, muss man allerdings lustvoll meckern, auf gar keinen Fall nörgeln, maulen, beckmessern, mäkeln oder gar schimpfen. Auch die Dosis ist entscheidend: Wer nur meckert und gar kein Ende findet, verdirbt allen das Vergnügen. Hinterm Steuer bin ich naturgemäß ständig mit kleinen und großen Problemen konfrontiert, die nach kreativen Lösungen rufen.

Ein tägliches Phänomen ist der plötzliche Hunger und Durst, der manche Fahrgäste überfällt, sobald sie einen Bus oder eine U-Bahn betreten. Essen und Trinken ist aus guten Gründen nicht erlaubt; Burger, Eis und Bier kleckern gerne und riechen dann nicht gut.

Doch mit dem Öffnen der Bierflasche und dem Verzehren des Kebab die paar Minuten bis nach der Fahrt zu warten, käme für manche einer Marter gleich.

Nachts riecht ein Bier zwar weniger schlecht als früh am Morgen, meine Blicke jedoch sind zu jeder Tageszeit gleich streng und wirken oft. Ein Mann drückt demonstrativ den Kronkorken auf seine halb leere Bierflasche und steckt sie in die Jackentasche, als er morgens zusammen mit den Schulkindern in den Bus steigt, und bekommt ein »Daumen hoch« von mir.

Einer Frau, die sich mit einer Portion überbackenen Nachos im schwankenden Bus gemütlich einrichten will, muss ich die gute Laune verderben und den Einstieg verwehren: »Essen Sie in Ruhe auf. Der nächste Bus kommt gleich.«

Eine andere Frau macht es viel geschickter. Sie nickt mir auf meinen Hinweis, dass der Bus kein Schnellimbiss sei, wissend zu, stopft den heißen Döner demonstrativ in ihre Handtasche und setzt sich dann so, dass sie mich immer im Blick hat. Wenn sie denkt, ich sehe sie nicht, beißt sie flink und herzhaft ab und schiebt die herunterfallenden Kleinteile von sich. Den ersten Bissen kommentiere ich noch relativ freundlich: »Nein, nein.« Sie nickt erneut, unauffällig kauend, die pralle Handtasche fest im Griff. Wir sind uns einig, denke ich erleichtert. Es fällt nicht leicht, unbekannten Menschen das Essen zu verbieten und dabei die Höflichkeit zu bewahren.

Doch nur Sekunden später knistert wieder die Alufolie. Ein schneller Blick in den Spiegel bestätigt die Vorahnung. Die Frau neigt den Kopf, Zentimeter für Zentimeter, verschiebt den Neigungswinkel, rutscht mit dem Hintern in eine bessere Position, öffnet die Handtasche, so leise es geht, kontrolliert schnell noch einmal die Umgebung – und sieht in meine tadelnden Augen. »Kann ich doch nichts für, wenn Sie immer zu spät kommen«, meckert sie und beißt zu, nach dem Motto: »Was ich im Mund hab, können Sie mir nicht verbieten«.

»Jetzt ist aber Schluss. Packen Sie den Döner ein und gut ist«, schimpfe ich mit angehaltenem Atem durch den strengen Geruch hindurch. »Sonst müssen Sie aussteigen. Der nächste Bus kommt gleich.«

Sie kleckert ein bisschen Soße in ihre Tasche. »Ich hab aber jetzt Hunger und nicht nachher. Das schmeckt auch nicht, wenn's kalt ist, wissense doch selber. Wären Sie pünktlich gewesen, dann würde ich jetzt schon zu Hause sein und müsste nicht hier in der Bevge speisen.«

Zu meinem Ärger muss ich über ihre Verteidigung grinsen. Wer zuerst lacht, hat verloren. Ein letzter Versuch aber wirkt Wunder. Ich hebe den Zeigefinger und wackele damit hin und her: »Sie wissen doch genau, dass es nicht erlaubt ist, oder?« Und tatsächlich, irgendwie beeindruckt sie das so sehr, dass sie mir kurz die Zunge rausstreckt, während der Döner gut eingewickelt endgültig in der Handtasche verschwindet.

Vieles wäre sehr viel einfacher, hätte der Bus nur mehr Platz. Manchmal wäre ein Buddelkasten toll, ein Trinkerstübchen oder ein Spiegelsaal. Der Bus müsste dehnbar sein, damit er um alle Bedürfnisse herum wachsen oder schrumpfen könnte. Solange das noch nicht erfunden ist, müssen wir uns alle dünne machen und gegenseitig Rücksicht nehmen.

Eines Morgen passiert dem Bus, der direkt vor mir in die Haltestelle einlenkt, ein kleiner Unfall: Er wird von einem PKW ausgebremst und dabei beschädigt. Nun müssen alle Fahrgäste aussteigen. Und weil es kurz vor acht Uhr ist und unsere Linien an Schulen, U-Bahnhöfen und Behörden vorbeikommen, sind es sehr viele Fahrgäste. Geübt drängen sie in meinen Bus hinein, quetschen sich zu dritt auf die Sitze, stehen auf einem Bein an den Haltestangen, kommen sich näher als manche Liebespaare und haben trotzdem gute Laune. Ich fahre ganz langsam los, denn die überzähligen Kilos sind in einem überfüllten Doppeldecker ausgezeichnet zu spüren.

An der nächsten Haltestelle muss ich anhalten, weil irgendwer auf den Stopp-Knopf gedrückt hat. Ich wäre lieber durchgefahren – dort stehen Leute, die ich nicht mitnehmen kann. Und nun steigt auch gar keiner aus, das Drücken auf den Knopf war ein Versehen.

Die Wartenden an der Haltestelle sehen sofort, wie proppevoll wir sind. Auf mein: »Der nächste Bus kommt gleich«, reagieren sie vernünftig. Nur eine junge Frau sieht das nicht ein. Sie schlüpft trotz meines: »Nicht einsteigen«, geschickt durch die vordere Tür und klebt nun quasi in der Frontscheibe. So kann ich die Fahrt nicht fortsetzen.

Ich bitte sie, wieder auszusteigen.

»Nein«, schüttelt sie energisch den Kopf. Vielleicht hilft eine Erklärung: »Ist doch nicht zu übersehen, meine Dame, der Bus ist voll wie 'ne Haubitze. Bitte steigen Sie aus, Sie tun damit ein gutes Werk, seien Sie doch so nett und sehen Sie das ein.«

»Nee, soll doch wer anders aussteigen. Ich bleibe!« Sie setzt sich demonstrativ auf den schmutzigen Boden.

»Schaunse mal unter Ihren Hintern«, starte ich einen neuen Versuch, »da sehen Sie die gelbe Linie, auf der Sie sitzen. Alles, was davor ist, muss frei bleiben. So kann ich nämlich nicht weiterfahren. Das verstehen Sie doch bestimmt.«

Jetzt beginnt sie zu schluchzen, das hat mir gerade noch gefehlt: »Immer bin ich diejenige, die nachgeben muss. Diesmal aber nicht! Einmal muss es auch anders gehen.«

Das wird wohl doch ein längeres Palaver, ich schalte den Motor aus: »Na guti, denn frag ich mal, ob wer mit Ihnen den Platz tauscht. Vielleicht haben wir Glück.«

»Hier vorne ist eine Frau in den Sitzstreik getreten. Möchte jemand seinen Platz hergeben, damit wir weiterfahren können?«

Stille rauscht durch den vollen Wagen, niemand meldet sich.

»Ist mir auch egal, ich bleibe hier sitzen. Mir reicht es nämlich.

Ich hab die Schnauze voll. Ich nehme jetzt auch keine Rücksicht mehr. So.« Sie heult tragisch.

Die Schulkinder neben uns reichen ihr ein Taschentuch: »Wegen Ihnen kommen wir noch zu spät zur Matheklausur. Können Sie nicht irgendwo anders weiterstreiken?«

Ich nicke aufmunternd und öffne mit einladender Geste die Vordertür: »Das ist 'ne richtig gute Idee! Der nächste Bus kommt gleich.«

Zur allgemeinen Erleichterung steigt sie aus, wischt sich die Tränen vom Gesicht und starrt uns dabei dermaßen wütend an, dass ich lieber schnell den Motor starte und mit einem »Los geht die wilde Fahrt, bitte alle festhalten« für ein deutlich hörbares Aufatmen im Bus sorge.

Nicht nur die Berliner Bevölkerung isst gern und gut im Bus, regelmäßig wollen Urlauber mit riesigen Eiswaffeln einsteigen.

»Mit dem Eis können Sie nicht mitfahren«, erkläre ich dann und ernte immer die gleichen Antworten.

»Was?«

»Warum denn nicht? Bei uns zu Hause fahren alle immer mit Eis im Bus.«

»Dann essen Sie Ihr Eis doch einfach da.«

Den freundlichen Hinweis verstehen sie natürlich nicht.

»Wir haben das gerade erst gekauft, das war teuer!«

»Genau! Ersetzen Sie uns dann das Geld?«

»Ich dachte, in Berlin ist alles erlaubt.«

»In Berlin schon, nur in meinem Bus eben nicht. Aber der nächste Bus kommt gleich.«

11. Haltestelle

Nachts sind alle Busse gelb

Manche Kollegen lieben den Nachtdienst. Das Arbeiten in der Dunkelheit ist entspannter, die Straßen sind leerer und die zugeparkten Haltestellen so etwas besser zu handhaben. Niemandem fehlt der tägliche Stau, keiner sehnt sich nach der Eile, die uns im Hellen von hier nach dort taktet. Wer nachts arbeitet, kommt mit einer größeren Gelassenheit zum Dienst.

»Eine Großstadt schläft nie«, heißt es. Schon das Lesen dieser Behauptung erzeugt romantische Bilder von rauschenden Feiern, durchtanzten Nächten, magischen Begegnungen im Späti an der Ecke, ekstatischer Liebe hinter leuchtenden Neonreklamen. Und es stimmt, in Berlin ist immer viel los. Es lohnt sich, die Nacht zum Tag zu machen. Nach Sonnenuntergang verändert die Stadt ihr Gesicht. Lediglich in den Stunden vor Sonnenaufgang spürt auch der wildeste Großstädter eine milde Erschöpfung, das ist die Zeit des Atemholens. Bevor die ersten Müllkutscher über die Spuren der Nacht fegen, die Bäckereien öffnen, die U-Bahnhöfe aufgeschlossen werden, wiegt sich die Stadt in einem seidigen Schleier und wird still.

So schwer es ist, tagsüber zu schlafen und Kraft zu tanken, so besonders ist es, nachts Bus zu fahren. In den ersten Stunden der Nachtschicht wollen überwiegend erschöpfte Menschen von der Arbeit nach Hause. Sie steigen langsamer ein, es gibt keinen Grund zu drängeln. Viele tragen Kopfhörer und sind nur körperlich anwesend. Man schaut sich kaum an, bei der Sitzplatzsuche ist jede freie Reihe ein Objekt der Begierde. Der sonst so enge Kontakt wird mit Einbruch der Nacht eher gemieden. Alle möchten nur in ihren Feierabend.

Meine Schicht beginnt unterwegs. Die Ablöse geschieht auf der Linie an einer Haltestelle. Dieser Schichtwechsel im laufenden Betrieb macht die Fahrgäste immer ganz wuschig. Sie wollen nicht warten, sie wollen keine Unterbrechung, egal, aus welchem Grund. Die offene Unzufriedenheit tut genauso weh wie die feindlichen Blicke. Wir haben eh nur schnelle Minuten zum Aus- und Einrichten. An diesen Groll werde ich mich nie gewöhnen.

Doch zuerst bin ich mit ganz anderen Fragen beschäftigt. Auf meinem winzigen Einsatzzettel stehen die Uhrzeit, die Linie und der Anfangsort. Aber auf welcher Straßenseite diese Ablöse stattfindet, steht nicht drauf – jedenfalls nicht in einer mir bekannten Sprache. So gehe ich halt etwas früher los und hoffe, unterwegs entweder den Hinweis doch noch zu dechiffrieren oder auf Kollegen zu treffen, die mir die Schreibweise erklären können.

Nach mehreren Kontrollhandlungen (auf den Einsatzzettel gucken, gedanklich zugeben, dass ich es immer noch nicht lesen kann, die logischste Variante auswählen, dann erleichtert aufatmen, denn dahinten kommt ein Kollege, den ich fragen kann) stehe ich ganz sicher an der richtigen Stelle zur korrekten Zeit und freue mich auf die Stunden, die vor mir liegen.

Der Bus kommt pünktlich. Der Kollege ist kurz angebunden, unser Arbeitsplatz ist schließlich keine Kaffeeküche: »Hallo. Und tschüss.« Mit Schrecken sehe ich: Er trägt weiße Handschuhe.

Früher, bevor die BVG-Familie mich in ihre starken Arme schloss, dachte ich, diese feinen weißen Stoffhandschuhe seien Zeichen der Anerkennung. »Entweder ist er voll von altem Adel«, überlegte ich,

»oder er ist ein besonders guter Busfahrer, der beste des Monats, und bekam diese Handschuhe feierlich als sichtbare Auszeichnung überreicht.«

Meine Überlegungen waren weit, weit weg von der schnöden Realität, aber tausendmal schöner. Diese Handschuhe bedeuten erst einmal nichts Besonderes und dienen dem Schutz der Hände. Die Busfahrer, die solche Handschuhe tragen, haben meist Erfahrungen gemacht, die sich nicht wiederholen sollen. Die Gemütlichkeit unseres Arbeitsplatzes hängt nämlich entscheidend von der Hygiene und Rücksicht der Kollegen ab.

Jeder Busfahrer geht anders um mit der engen Kabine. In allen Büros gibt es diejenigen, die immer die Spülmaschine ein- und ausräumen, und die, die alles stehen und liegen lassen und sich um nichts kümmern.

Im Bus sind das Lenkrad und die Kabine alles, was wir haben. Es gibt keine Bechermulde, weder einen Mülleimer noch eine Kaffeemaschine und schon gar kein Handwaschbecken mit fließend Wasser. Im Bus reicht ein schmutzender Kollege.

Dieser eine robuste Mann stört sich nicht an seinen fettigen Fingern oder Essensresten in durchweichten Tüten. Er liebt es, Chips und Leberwurststullen hinterm Steuer zu futtern, und hinterlässt gerne Spuren fürs Gefühl.

Die mit den weißen Handschuhen mögen diese freigiebige Klebrigkeit des Zuvorsitzenden ganz und gar nicht.

Einige Busfahrer tragen ein großes Handtuch mit sich. Wer jetzt denkt, das wäre zum Abtrocknen nach den schönen Pausen am See und im Freibad, irrt sich nur ein bisschen: So ein Fahrersitz erträgt viel. Auch den Schweiß und die Gerüche, die ein arbeitender Mensch von sich gibt. Nach einer Weile duftet der Bezug auf ganz besondere Weise. So ein frisch gewaschenes Handtuch unterm Hintern schützt und schmückt da ungemein.

Manche Handschuhträger und Handtuchsitzer frieren aber auch einfach nur schnell.

Ich habe natürlich keine Handschuhe dabei. Mich erwartet ein Berührungsdesaster. Da muss ich durch bis zur Endhaltestelle. Zum Glück ist es dunkel, die vergessenen Pommes rot-weiß entdecke ich erst später. Die erste kurze Pause beginnt mit der Reinigung und endet mit dem Putzen des klebrigen Lenkrades und der näheren Umgebung. Das letzte Wasser aus der Trinkflasche bekommen meine Hände. Sofort fühle ich mich viel wohler und springe mit neuer Energie hinter das Steuer, starte den Motor, setze den Blinker, gucke in alle Spiegel und rolle befreit in die nächste Runde.

Später in der Nacht steigt ein Paar ein, eher über fünfzig als unter sechzig: »Zweimal AB bitte. Lass stecken, ich lade dich ein.« Er grinst, während sie zahlt.

»Wir haben hier eine Wette am Laufen«, sagt sie mit einem Seitenblick zu ihm. »Ich wette mit meinem Dicken, dass Sie mit dem Bus schneller am Ziel sind als er mit seinem Auto.«

»Aha?«

»Mit meinem Auto«, er nennt eine PS-starke Marke, »brauche ich auf die Sekunde zwanzig Minuten.«

»Aha!«

»Genau. Und ich behaupte, mit dem Bus sind wir schneller.«

»Interessant.«

»Ja, Sie müssen natürlich noch Parkplatzsuche und so dazurechnen. Das unterschlägt mein Dicker gerne. Er will unbedingt immer recht behalten. Männer! Aber wem sage ich das!« Sie verdreht schnell die Augen, er bekommt davon nichts mit.

»Nee nee, unsere Wette läuft ohne Parkplatz. Von Einstieg bis Ausstieg. Jetzt lass die Busfahrerin mal ihren Job tun, sonst verschimmeln wir hier noch.« Er lacht ausgelassen über seinen guten Witz.

Ich nicke möglichst unverbindlich und fahre los. Das Paar setzt zwei Stoppuhrenfunktionen auf ihren Smartphones in Aktion und diskutiert angeregt:

»Wo setzen wir uns hin, Dicker? Was meinst du? Oder sollen wir nach oben gehen?«

»Ja, oben ist gut, da haben wir den totalen Überblick. Geh du vor, ich schiebe von hinten.«

Zwölf Minuten später höre ich sie schon von Weitem, sie klettern die Treppe hinunter, stolpern mit den Bewegungen des Busses mal hier-, mal dorthin. Klammern sich aneinander und genießen ihren Ausflug.

»Was ist denn das für ein lahmer Verein, ich dachte, die BVG hätte mehr drauf. Jetzt drücken Sie mal auf die Tube, gute Frau. Sie haben doch genug PS unterm Hintern. Die Uhr tickt. Ich schenke Ihnen fünf Euro, wenn Sie schneller fahren.«

»Bestechung gilt nicht, lass die Frau in Ruhe.«

»Schneller! Schneller! Sie können locker fünfundsechzig fahren, ich kenne die Blitzer – hier ist alles sauber. Schleichen Sie doch nicht so. Oder machen Sie das extra? Seien Sie jetzt bloß keine Spaßbremse! Gib Gummi, guckt doch keiner.«

Am Ende der Fahrt winken sie mir enthusiastisch hinterher. Sie hat ihre Wette gewonnen: Der Bus war schneller als sein PKW. Aber nur minimal, drei Minütchen, was ihn freut. So sind beide glücklich. »Diese Ehe wird noch lange halten«, denke ich mir meinen Teil und mache das Seitenfenster weit auf.

Für manche mag es überraschend klingen, aber die Verkehrsakademie hat uns tatsächlich verschiedene Arten der Freundlichkeit gelehrt. Entscheidend hierbei ist jeweils das eigene Ermessen.

So bin ich bestens vorbereitet, als in einer nasskalten Nacht ein paar sichtlich obdachlose Menschen bibbernd vor mir stehen und mich höflich fragen: »Schönen guten Abend auch. Ob das möglich ist, ein paar Runden mitzufahren? Wir sind auch ganz lieb.«

»Das sehe ich.« Im Oberdeck sind viele Sitze leer und das Wetter ist wirklich ungemütlich. »Na klar. Immer rein in die warme Stube.«

Ich drehe die Heizung etwas höher und schon nach wenigen Minuten mischt sich das Schaukeln und Rauschen mit ihrem Schnarchen zu einem Dreiklang der Großstadt. Später wecke ich sie an der letzten Haltestelle in der Innenstadt. Sie rappeln sich auf und wanken schlaftrunken hinaus in ihr Nichts und unser Alles.

Es gibt so viele Unterschiede, so wenig Routine. Mit jeder Linie ändert sich das ganze Umfeld. Nachts stehe ich an der Endhaltestelle am Stadtrand ganz allein in der spärlichen Außenbeleuchtung des Busses, teile die Stullen mit Fuchs und Hase und bin froh, wenn die Pause vorbei ist und ich zurück in die Zivilisation fahren darf.

Endet meine Linie in der City, warten da schon viele Fahrgäste ungeduldig auf das Ende der Pause.

»Geht's bald weiter?«

»Kann ich schon einsteigen?«

»Warum denn nicht?«

»Ich habe es sehr eilig, können Sie nicht jetzt schon losfahren? Ausnahmsweise?«

»Kein Wunder, wenn ihr immer zu spät seid, bei diesen vielen Ruhepausen.«

Hin und wieder wünsche ich mir im Stillen, die ganz besonders Ungeduldigen verglichen ihre Pause mal mit meiner.

Richtig finster wird es nur in den Ausläufern der Außenbezirke, in der Stadt rattert der Bus durch Lichtinseln, durch schwarze Löcher. Dazwischen suche ich die verflixten Haltestellen, die sich in der Dunkelheit noch sturer versteckt halten als am Tage. Während manche Wartehäuschen immerhin dezent beleuchtet sind, fehlen den schlanken Haltestellenstangen selbst schlichte Reflektoren. Viel zu oft erkenne ich sie nur an den wartenden Leuten: »Ah, da stehen Personen ungeduldig am Straßenrand und gucken alle in dieselbe Richtung. Das wird meine Haltestelle sein.«

Meistens liege ich mit dieser Vermutung richtig – manchmal aber blicke ich in bass erstaunte Gesichter. Dann handelt es sich einfach um ein paar Menschen, die irgendetwas vorhaben, aber eben nicht an einer Haltestelle stehen oder gar auf einen Bus warten. »Hätte ja sein können, Sie warten auf den nächsten Bus«, erkläre ich dann kurz. »Ein besonderer Service der BVG«, rufe ich hinterher und fahre schnell weiter.

Ich brauche keine Uhr, um zu wissen, wann das Kino aus ist oder die Party beginnt. Der Bus ist dann wieder ganz voll. Gesprächsfetzen und Gelächter umspülen die Fahrerin. Viele, die auch nachts lieber Bus statt Auto fahren, haben eine Monatskarte und schätzen die Möglichkeit, einfach ein- und aussteigen zu können, ohne viel Interaktion. Andere haben in der sicheren Mitte ihrer Kumpels Lust zu pöbeln und eine große Klappe. Hier hilft es sehr, eine ältere Frau zu sein. Zwischen denen, die einfach Respekt haben vor dem Alter – und der Busfahrerin –, und denen, die auf ein bisschen billigen Ärger aus sind, bildet sich eine Art Waage. Das Rempeln und Rüpeln ordnet sich meist ohne mein aktives Zutun. Strenge Blicke, ein autoritäres »Na na na« in die eine und freundliches Lächeln in die andere Richtung verschiebt mögliche Aggressionen oft auf harmlose Ersatzhandlungen wie Husten und Wegsehen oder lautes Lachen.

Die Solidarität der Fahrgäste legt sich in den wenigen wirklich kritischen Situationen wie ein warmer Mantel über meine Befürchtungen. Der angetrunkene Mann, der mir lauthals widerliche Beschimpfungen an den Kopf wirft, der schwankt und wankt wie auf hoher See und seinen unruhigen Stand meiner Fahrweise zuschreibt, bekommt von den Fahrgästen ordentlich den Kopf gewaschen.

»He, lassen Sie sofort die Frau in Ruhe.«

Und von hinten schallt es laut: »Wat geht denn da vorne ab? Wenn nicht gleich Ruhe ist im Karton, lernst du meine Rechte kennen! Ick zähle bis drei, Keule! Eins...«

Was viele Fahrgäste gar nicht sehen, sind neben den Kaninchen und Fledermäusen vor allem die schönen Stadtfüchse, die mitten in Berlin geschäftig hin und her eilen, Straßen umsichtig überqueren, Essensabfälle durchsuchen, fette Mäuse und sogar Ratten fangen und elegant nach Hause tragen. Wir teilen uns die Straßen und Wege. Hier ist genug Platz für alle. In Bezirken mit viel Wasser können mir selbst Biber die Vorfahrt nehmen. Ich scanne also ständig alles in den Lichtkegeln und versuche, die im Dunkeln liegenden Straßenränder ebenfalls gut im Auge zu behalten. Viele Tiere zeigen nur ihre Schatten und lassen offen, ob sie nun Wiesel, Marder oder Waschbären sind.

Eines Nachts überquert im Licht der Scheinwerfer ein ausgewachsener Dachs die mehrspurige Straße und verschwindet in aller Seelenruhe nach guter Berliner Tradition grußlos im Gebüsch.

Ich staune ihm hinterher und übersehe dabei glatt die nächste Haltestellenstange, die bestens platziert hinter einer besonders dicken Platane im Dunkeln lauert. Zum Glück stehen keine wartenden Menschen in der Nacht, zum Glück möchte niemand aussteigen. Ich hebe mein Kinn ein Stückchen höher und tue so, als ob nichts passiert wäre.

Mit einem kleinen Lächeln wünsche ich dem Dachs eine gute Nacht und mache mich dann richtig dick, um an der nächsten Kreuzung elegant abzubiegen.

12. Haltestelle

Der Hof – Die Höflichkeit – Das Höfische

Die Ländereien meiner neuen Familie liegen großzügig bemessen über die Stadt verteilt. Jeder der sechs Höfe wird Tag und Nacht betrieben, kein Stückchen Land liegt brach. Wir sind natürlich nur Königinnen der Straßen – auf den Höfen gilt das nichts. Ein roter Teppich oder gar eine Einladung zum Ball erwartet uns nicht. Unsere Privilegien sind viel kostbarer: Wir gehören jetzt dazu und werden Nutznießer der Anwesen.

Es gibt so viel unerwartete Schönheit dort. Wenn der Dienst auf dem Betriebshof beginnt und endet, nehme ich das Fahrrad für die paar Kilometer Arbeitsweg und schließe es sicher auf dem Gelände an. Die Aussicht vom Fahrradparkplatz ist unbezahlbar. Bevor der Tag beginnt, liegt eine großartige Gelassenheit über dem Gelände. Alles ist bereit für einen neuen Arbeitstag voller Lärm und Eile. Vor Sonnenaufgang jedoch ist der Hof für kurze Zeit ganz still, fast andächtig. In der Dunkelheit stehen die riesigen Fahrzeuge eng gereiht wie Perlenketten auf dem glänzenden Asphalt, im milchigen Schein der Laternen wunderbar schimmernd. Ich bleibe atemlos stehen, überwältigt von dem prachtvollen Zusammenspiel von Technik, Licht und Mensch. Die Szene, die sich mir bietet, ist wahrhaft märchenhaft. Wer hätte ausgerechnet auf einem schnöden Betriebshof der BVG solch atemberaubende Stimmungsbilder erwartet? Es liegt ein Zauber über diesem Ort.

Mit schlurfenden Schritten treffen nach und nach die Kollegen der Frühschicht ein, murmeln »Guten Morgen«, rauchen, den Arbeitsbeginn hinauszögernd, noch eine Zigarette. Und dann noch eine. Sie heben nicht die Köpfe, wir schauen nicht mit den gleichen Blicken, die Schönheit des Morgens teilt sich ihnen nicht mit. Derweil speichere ich diese besondere Atmosphäre sorgfältig vor meinen inneren Augen und genieße sie immer wieder.

Unsere Vorbereitungen beginnen in einem großen Raum. Hier stehen mächtige Schaukästen, in denen in winziger Schriftgröße alle tagesaktuellen Umleitungen, Baustellen, Sperrungen und sonstige Störungen verzeichnet sind.

Ausgerüstet mit Stift und Papier suche ich meine jeweiligen Linien und das System hinter dieser Art der Information. Nicht nur, dass mir die angeblich perfekte Übersicht, die uns diese Schautafeln bieten, wie ein großes Suchbild aus dem Rätselheft erscheint: »Finden Sie die sechsundzwanzig Unterschiede«, auch die Abschriften sind mir keine Hilfen. Was soll ich notieren, wann soll ich diese Notizen lesen?

Morgens stehen die Kollegen mit sachkundigen Gesichtern vor den Tafeln und verstehen meine Nachfragen nicht. Na gut, dann beiße ich mich halt durch, stehe noch etwas früher auf, schaue total verständig, nehme bunte Stifte mit und lasse mir richtig Zeit mit dem Studium der Tafeln, obwohl es schrecklich langweilig ist. Die Definitionen von »einfach« und »übersichtlich« überdenke ich mehrmals und schlage »Information« im Duden nach. »Nachricht, Auskunft, Belehrung«, lese ich und nicke zu jedem Begriff: »Ach so, aha, ach so.«

»Dit musste im Koppe haben! Deine Zettelwirtschaft kannste gleich wieder in die Tonne kloppen«, sagen die Kollegen. Meine Fragen stoßen auf allgemeine Ablehnung. Ich mache mich mit jeder weiteren unbeliebter. Zum Glück treffe ich unterwegs immer mal auf Busfahrer, die ähnliche Probleme haben und ausgerechnet von mir wissen wollen, wo die Umfahrung der Linie langführt. Unter vier Augen fällt es leichter, etwas nicht zu wissen.

Aber jetzt müssen alle erst einmal zum Rangierer, die jeweiligen Utensilien in Empfang nehmen.

Vor dem Eingang stehen zu jeder Tages- und Nachtzeit aufgeregte Kollegen. Sie baden im Rauch ihrer Zigaretten und erzählen von der Straße. Und von den Vorgesetzten. Und von der Liebe und deren Gegenteil. In der Verkehrsakademie hat man uns ausführlich vor diesen Versammlungen gewarnt. Jeder möchte sich hier im Gespräch übertreffen mit unsäglichen Schikanen, unmenschlichen Diensten und grausamen Folgen des Berufs. Jedes Zipperlein würde hier breitgetreten, aus einem schlichten Bandscheibenschaden würde im Handumdrehen eine Arbeitsunfähigkeit und aus einem Streit mit aggressiven Fahrgästen eine Körperverletzung. Niemand ließe hier ein gutes Haar an unserem wundervollen Beruf, keiner habe Verständnis für die langen Arbeitstage und die Probleme der Leitung. Wenn wir diesen Männern zuhörten, bekämen wir den falschesten Eindruck, denn alles, was diese Raucher täten, wäre ausgeprägtes Jammern und Beschweren. Fragte man nach, nähme man sie gar beim Wort, bliebe jedoch meist nur heiße Luft übrig von den wilden Erlebnisberichten.

Zu gerne möchte ich mittendrin stehen in diesen wortreichen Runden und richtig zuhören. Wo regelmäßig Tacheles geredet wird, ist meist eine Menge Wahrheit zu finden. Und vielleicht könnte man gemeinsam ja doch was ändern, was leichter machen, nach vorn schauen statt immer nur diese legendären dreißig Jahre zurück.

Ach, wenn ich doch nur Raucherin wäre! Allerdings wäre selbst Kettenrauchen keine Eintrittskarte in die spannende Männergesellschaft. Sie kennen mich nicht und machen keinen Hehl aus ihrem Misstrauen.

Hinter der Tür, beim Rangierer, gibt es bitteren Kaffee mit viel Milch und Zucker für 'ne ganz kleine Spende, und auch hier hängen die Kollegen vor der Schicht gerne noch ein Weilchen herum. Der Ton ist rau, zu viel Freundlichkeit macht schnell suspekt. Die Gespräche sind kurz getaktet, gleich beginnt schließlich die nächste Schicht; es ist nicht die Zeit für tiefsinnige Unterhaltungen und langatmige Erzählungen. Man bespricht die Notwendigkeiten der Krankschreibungen, brüstet sich mit den eigenen Malaisen. Das ständige Sitzen lässt Bäuche wachsen, Rückenmuskeln schwinden. Die viele Schichtarbeit rund um die Uhr und viel zu oft an sechs Tagen in der Woche lässt Ehen scheitern und verhindert Hobbys, Liebe, persönliche Interessen. Hier hat niemand den aktuellen Film im Kino geguckt oder das neue Buch des nächsten Nobelpreisträgers gelesen. Und wenn doch, ist das nicht der Ort, darüber zu sprechen.

Aber genau das macht die Männer zu harten Helden, zu starken, zuverlässig mürrischen Berlinern. Es gibt nur wenige Frauen, das ist auf dem Hof besonders deutlich zu spüren. Diese urwüchsigen Männerreservate tun niemandem gut. Verwaltet, gesteuert, gepflegt und auf Vordermann gebracht wird jeder Betriebshof in eigener Verwaltung. Alles wie immer – so zäh wie zuverlässig, sinnvolle Veränderungen warten lange draußen vor der Tür. Büros und Arbeitsplätze sind rund um Kaffeemaschinen angeordnet, an den Zuständen der Schreibtische liest man die Wichtigkeit des Mitarbeiters ab. Hier werden unter anderem die Dienstpläne ausgearbeitet. Es gibt ein ausgeklügeltes Vieljahressystem.

Ich weiß auf Jahre hinaus, wann ich eingeteilt bin, wann nicht. Ich könnte heute schon den Urlaub für in zwei Jahren buchen und bin so fasziniert wie erschreckt von dieser felsenfesten Ordnung in meiner Gegenwart und Zukunft. Dieser Dienstplan hat vor allem eine Aussage: »Ordne dein Leben der Arbeit unter.« Das klingt hart, bietet aber auch Sicherheit. Ich denke viel über diese Veränderungen in meinem Lebensabschnitt nach.

Und dann fällt mir auf, dass ich an allen Weihnachten arbeiten müssen werde, und rufe spontan die Freundinnen und Holger an.

»Klar kommen wir, koch schon mal Tee und lass den Rotwein atmen. Maxi bringt Pizza mit.«

Wir hocken zu viert um den Dienstplan herum. Holger durchbricht das Schweigen als Erster: »Da steht das wirklich. Du musst ja immer arbeiten. Ich wollte das am Telefon echt nicht glauben.«

»Ich habe noch nie einen so langen Dienstplan gesehen«, haucht Sabrina.

»Zähl mal die Wochenstunden zusammen, hier, nur in dieser Spalte«, flüstert Maxi eingeschüchtert. »Wie kann das angehen? Du hast doch eine ganz normale Vollzeitstelle?«

Ich erkläre ihr das, so gut es geht: »Du musst alle Arbeitsstunden zusammenzählen und dann durch alle Tage eines Jahres teilen. So berechnet sich in diesem Beruf die Wochenarbeitszeit.«

»Wie gemein!« Sabrina hat es von allen am schnellsten verstanden und ist empört. »Du bist fünfundfünfzig, das müssen die doch berücksichtigen. Die haben doch extra ältere Frauen haben wollen.«

Holger holt die Pizza aus der Küche, legt den Dienstplan zur Seite: »Jetzt essen wir erst mal was. Das kann alles nur ein Versehen sein, ein Flüchtigkeitsfehler.«

»Nie im Leben ist so ein Dienstplan echt. Der muss einfach verkehrt sein. Ich will nicht, dass du so viel arbeiten musst. Ich ertrage das nicht.« »Hundertprozentig ist das ein Fehler. Morgen wird sich das aufklären. Ich bin dafür, dass wir Weihnachten diesmal bei dir zu Hause feiern. Wir organisieren alles, den Baum und so weiter.«

»Gute Idee, du musst uns nur gleich nach dem Gespräch sagen, an welchem Weihnachtstag du dann kannst.«

Wir sitzen noch lange zusammen, diese Stunden tun so gut. Am nächsten Tag sehe ich die Welt der BVG wieder mit optimistischen Augen. Voller Enthusiasmus und sogar ein wenig stolz auf alles, was ich bisher geschafft habe und dass ich jetzt hier tatsächlich dazugehöre, suche ich gleich vor Dienstbeginn das Gespräch mit meinen Chefs. Ganz BVG-mäßig komme ich sofort zum Kern der Sache.

»Ich habe ja auch noch eine eigene Familie, wisst ihr doch, und wir möchten gerne zusammen Weihnachten feiern. Muss nicht ausgerechnet an allen Weihnachtsfeiertagen sein, aber so grundsätzlich gesehen finde ich es ein wenig zu viel, jetzt immer Weihnachten arbeiten zu müssen.«

Meine Chefs müssen erst mal schlucken. Schließlich ist die Hierarchie nicht umsonst erfunden worden.

»Du hast deinen Dienstplan, der ist vielleicht nicht ganz nach deinen Vorlieben, aber da mussten wir alle durch. Wegen dir werden wir das jetzt nicht ändern.«

Sie nicken unisono und streichen sich zufrieden die Hemden glatt.

»Sollt ihr ja auch gar nicht alles ändern«, versichere ich mit treuen Blicken in die Runde. »Aber es gibt bestimmt ganz viele, die unheimlich gerne an Weihnachten arbeiten. Wir sind doch eine multikulturelle Großstadt, da feiern viele nämlich gar nicht dieses Fest. Mit denen könnte ich doch einfach tauschen. Dit dürfte doch nicht so schwierig sein.«

Beim Wort »multikulturell« verdrehen sie die Augen. Jetzt bin ich wohl als »Intellekte« erkannt, und das wird mich verfolgen. Im Öffentlichen Dienst in Berlin kleben Etiketten ganz besonders fest.

»Wir machen das seit dreißig Jahren so, und nu bist halt du dran mit den Feiertagen. Da mussten wir alle durch.« Es klingt wie: »Jetzt siehste mal, was wir all die Jahre geleistet haben! Für dich! Wegen dir! Du bist so undankbar!«, und bestätigt indirekt, dass mein Schichtplan wirklich ganz besonders anstrengend ist. Mit so viel Sturheit hatte ich nicht gerechnet.

»Meine Familie weiß bald gar nicht mehr, wie ich aussehe. Ich will keine Extrawürste, nur ein bisschen Weihnachten. Mal ein bisschen Ruhe und Besinnung. Mir bedeutet das Fest was ... Mir bedeutet das sogar ziemlich viel. Ostern ist mir auch wichtig, aber Weihnachten ganz besonders. Die Wochen sind wirklich extrem stressig, und ich fahre ziemlich oft den M48.« Ich verstumme für ein paar Sekunden, damit sich die Anwesenden kurz in den M48 hineinversetzen können. »Könnt ihr nicht eine Lösung finden, einen Kompromiss, irgendwas machen? Wir haben doch so viele junge Kollegen, die freuen sich über den Feiertagszuschlag.«

Dass der Dezember den allermeisten Stress mit sich bringt, wissen alle. »Wenn du den Dezember schaffst, packst du alles. Dann hast du das Allerschlimmste nämlich hinter dir«, hatten mir viele Kollegen gesagt und dann freundlich angefügt: »Aber das schaffst du eh nicht.«

Mittlerweile sind die Sachbearbeiter aus den anderen Büros dazugekommen. So eine Frechheit haben sie hier lange nicht erlebt. Eine Frau, die an Weihnachten mal zu Hause sein möchte und eine Diskussion mit den Chefs beginnt – Skandal!

»Jetzt hörste mir mal ganz genau zu, Mädchen. Du bist hier die Neue bei der BVG. Dein Weihnachten kannste in zehn Jahren wieder so viel feiern, wie du lustig bist.«

Mir schießt spontan die Röte ins Gesicht; sowohl sein »Mädchen« als auch die völlige Weigerung, mir bei den Anfängen des neuen Berufs auch nur den kleinen Finger zu reichen, trifft mich. So frage ich entgeistert: »In zehn Jahren? Weil ich dann in Rente bin? Was ist das denn für eine gemeine Aussage? Und bis dahin muss ich immer an Weihnachten arbeiten, egal, was sonst so ist?«

»Ach so«, räuspert sich der Chef verlegen, »stimmt, dann bist du in Rente. So habe ich das jetzt nicht gemeint.« Er räuspert sich erneut. »Du musst ganz schnell lernen, dich einfach unterzuordnen, und gut ist. Du bist die Neue und hast nichts zu wünschen. Das ist überall gleich.«

Nun ja, so gesehen hat er recht, die Neuen bekommen immer die schlechtesten Dienste. Allerdings bin ich ja gar nicht mehr so neu, der Lack ist längst ab, und die BVG hatte sich extra diese lebenserfahrenen Frauen gewünscht. Dass ich mit fünfundfünfzig nicht mehr so biegsam und belastbar bin, wie diese vielen Kollegen es vor dreißig Jahren waren, müsste doch eigentlich allen klar sein. Dass ich im Gegenzug etwas selbstbewusster und sicherer bin und ziemlich viele gute Eigenschaften mitbringe, ebenfalls. Aber so weit zurück denken sie nicht.

»Dagegen habe ich ja auch gar nichts. Aber ich bin nun mal keine achtzehn mehr. Ich brauch ein bisschen länger. Vor dreißig Jahren war Berlin eine kleine Insel, das kann man doch gar nicht vergleichen. Der Verkehr war ein ganz anderer, vor allem viel weniger. Euch haben die Eltern noch die Stullen geschmiert und die Socken gewaschen. Ich bin aber nicht mehr jung. Und der Stress auf der Straße ist extrem, gerade jetzt in der Vorweihnachtszeit, das wisster alle.«

»Diese Regelungen sind seit dreißig Jahren so. Die funktionieren prima. Ich sehe keinen Grund, das jetzt zu ändern, nur weil dir das nicht in den Kram passt. Wenn du damit nicht klarkommst, liegt das nur an dir«, sagt der Chef.

»Kann ich denn nun tauschen?«, wage ich einen letzten Versuch.

»Unser Gespräch ist beendet«, knallt mir die Antwort entgegen.

Am Abend treffe ich die Freundinnen und Freunde auf einen schnellen Tee auf dem Weihnachtsmarkt. »Nee, tut mir leid, ich bin diesmal nicht dabei. Ich muss arbeiten«, heule ich in den Becher. »Aber wir haben dich so selten gesehen in den ganzen letzten Wochen«, sagen sie. »Und so einen Dienstplan hat niemand verdient. Was denken die sich nur?«

»Wollen die dich fertigmachen? Haben die kein Herz?«

»Ich bin richtig wütend! Es gibt so viele, denen Weihnachten nichts bedeutet.«

»Ohne dich ist das alles nur traurig.«

Ich bin kurz davor, ganz laut loszuweinen: »Ja, ich weiß. Ich bin einfach zu müde für diesen Mist. Wir holen das alles nach, versprochen.«

Holger hat eine tolle Idee: »Oder wir feiern dieses Jahr unterwegs! On the road, sozusagen. Was meint ihr? Wir bringen alles mit in den Bus und feiern da.«

Was für eine gute Idee! Ich sehe das direkt vor mir. Wir können den Bus richtig schön dekorieren. Wie viele Lichterketten sind wohl erlaubt? Wir könnten Sterne in die Fenster kleben und zusammen singen.

»Wann erfährst du, welche Linien du an Weihnachten fährst?«

»Gute Frage! Schick uns schnell den Linienplan, dann können wir alles vorbereiten für den Weihnachtsbus!«

»Ich bring den kleinen Baum mit und Dominosteine.«

»Und ich mache uns Punsch – mit und ohne!«

»Nee, das geht nicht.«

»Klaro geht das! Und wie das geht!«

»Nee, tut mir leid, aber das geht wirklich nicht.«

In dieser Nacht träume ich schlecht und bin fast froh, als der Wecker klingelt. Es ist ganz still in meiner kleinen Straße, alle schlafen tief und fest. Der Mond spiegelt sich in großen Regenpfützen. Ich fahre immer mitten durch die Pfützen durch mit meinem Fahrrad.

Pünktlich und durchgefroren komme ich auf dem Betriebshof an. Der unvergleichliche Blick über das Gelände lässt mich ehrfurchtsvoll verweilen.

Da steht die ganze Busherde im sanften Licht der alten Laternen und wartet auf den Startschuss in den neuen Tag.

Noch bevor die Sonne aufgeht, werden alle Busse unterwegs sein, das Licht ihrer Scheinwerfer wird die Dunkelheit durchbrechen und den Takt der Stadt weiterführen. Schon hallen die ersten Rufe über den Hof, von der weiten Nachtluft seltsam verzerrt.

Mein Bus für den Vormittag steht mittendrin, vor, neben und hinter ihm warten weitere Ungetüme, lassen gerade Platz genug für einen Menschen. Ich quetsche mich vorsichtig durch die engen Reihen, sehe links und rechts und oben und unten nur noch Doppeldecker und fürchte mich die paar Schritte lang, bis ich sicher und wohlbehalten von meinem Bus verschluckt werde.

Mit Stöhnen und Klappern erwachen die Motoren, ächzen, dröhnen, poltern sich zurecht, suchen mit starken Scheinwerfern ihre Wege durch die Stadt und stehen pünktlich an allen Haltestellen.

Ich drücke auf den großen Knopf. Die Türen klappen auf, die ersten Fahrgäste steigen ein und grüßen freundlich: »Guten Morgen!«

13. Haltestelle

Mal müssen und können

Manchmal verleitet mich die aktuelle Fahrgastkonstellation zu waghalsigen Überlegungen über die Gesellschaft.
»Unser Zusammenleben könnte so viel solidarischer und entspannter sein, wenn wir uns nur viel besser anguckten«, denke ich zum Beispiel, wenn sich zu den älteren Damen und Herren im Bus jüngere Frauen und Männer gesellen. Die älteren Damen tragen anspruchsvolle Frisuren zur Schau. In zartem Lila, ganz hellem Rosa oder glänzendem Hellblaugrau, in gewagten Wellen und Löckchen, duftigen Wolken gleich, setzen sie pastellfarbene Statements. Die jungen Frauen färben ihre Haare gern silbergrau, platingrau, altweiß und glätten, plätten, bügeln ihre Frisuren. Sie wollen die Haare ordentlich, gut sortiert. Viele junge Männer lassen sich Bärte wachsen. Am liebsten hätten sie Bärte wie unsere Urväter, dicht und lang. Die älteren Herren tragen Jeans und Lederjacken mit Nieten; sie scheuen auch den Gang zum Tätowierer nicht.

Unabhängig von Aussehen, Geschlecht oder Alter stehen immer wieder Fahrgäste vor mir und möchten ein Ticket kaufen – die einen suchen erst lange in allen Taschen nach den Münzen, zählen sorgfältig und langwierig den Betrag in etwa ungefähr genau ab und legen einen Haufen Kleingeld auf das Tablett. Sie verstehen nicht, dass ich ihre vielen Centstücke nicht annehmen kann. Hätte ich die Zeit, würde ich gerne nachzählen und dabei ein kleines Gespräch führen, ein Kleingeldgespräch sozusagen, mit vielen Worten und weniger Inhalt als Vergnügen.

Die anderen ziehen einen großen Schein aus ihrer Manteltasche, sagen nur das Nötigste und verstehen nicht, dass ich ihre Fünfzig- oder gar Hundert-Euro-Scheine nicht wechseln kann. Sie reagieren oft unwirsch. Na klar, da liegt das Geld, warum verweigere ich ihnen also das Ticket! Wenn es mir in den Tag passt, bekommen sie immerhin aktive Vorschläge: »Fragen Sie bitte im Bus herum, ob einer wechseln kann.«

Wenn der Mensch vor mir sehr ungeübt wirkt im Fragen nach Hilfe, stelle ich auch mal den Lautsprecher an oder rufe in den überfüllten Bus: »Liebe Fahrgäste, hier steht einer mit 'nem echten Hundert-Euro-Schein. Kann den vielleicht jemand klein machen? Das wäre nett.« Meist kramen gleich mehrere in ihren Portemonnaies.

In meinem Bus stehen alle dicht gedrängt. Ich würde sie gerne fotografieren, sie sind so schön in all ihren Eigenarten und Variationen.

Die Arbeit lässt natürlich kein Verweilen zu, schon gar nicht in theoretischen Fragen nach Inhalt, Sinn und Vergnügen. Jede Unaufmerksamkeit wird sofort behupt, belacht und beschimpft.

Nachdenklich macht mich auch ein im Flughafenbus liegen gelassenes nagelneues Smartphone. Ich nehme das technische Wunderding in Verwahrung und bin in meiner Pause damit beschäftigt, die umständlichen, ausführlichen, langwierigen Vordrucke für Fundstücke korrekt auszufüllen. Zusätzlich zu der Arbeitskleidung und den dunklen Schuhen bin ich angehalten, immer einen funktionstüchtigen Kugelschreiber mitzuführen sowie diverse Exemplare unterschiedlichster Formulare. So nutzen wir unsere Pausen zum Ausfüllen der urzeitlichen Vordrucke unserer gefahrenen Routen, Zeiten, Linien. Nicht Kreuzworträtsel sind es, die die Busfahrer lösen, keine Liebesbriefe werden verfasst, sachliche Informationen auf grauem Papier kosten uns wertvolle Freiminuten und mich oft genug den letzten Nerv. Vergeblich versuche ich mir die Archive vorzustellen, in denen diese Nachweise in millionenfacher Anzahl lagern.

Noch bevor ich alle Einträge in das Formular gemacht habe, kommt ein aufgewühlter Mann angelaufen und fragt atemlos: »Kann es sein, dass ich mein Handy hier verloren habe?«

Ich frage nach Marke und Farbe und bitte ihn, sich mit meinem Handy selbst anzurufen. Dann überreiche ich ihm das wertvolle Stück.

»Oh, super«, murmelt er, während er die ersten Nachrichten liest und eintippt und vertieft seiner Wege geht.

Besonders anstrengend wird es, wenn billige Regenschirme im Bus vergessen werden. Ich kann mir kaum vorstellen, dass jemand im Fundbüro der BVG anruft und nachfragt: »Ja hallo, guten Tag. Ich bin heute Bus gefahren und hab meinen Schirm liegen gelassen.«

»Da bräuchten wir erst ein paar Informationen, junger Mann. Welche Linie war es denn, wann sind Sie gefahren und wohin?«

»Welcher Bus? Hmm, könnte der X83 gewesen sein. Wann? Gegen Mittag irgendwie. Richtung? Richtung Endstation.«

»Moment, ich habe es gleich notiert ... gut. Und jetzt beschreiben Sie Ihren Schirm bitte so genau wie möglich.«

»Ja, also, der ist so ganz klein zusammenzuschieben. Welche Farbe hat mein Schirm? So schirmfarben, dunkelgrau, oder schwarz. Dunkel auf jeden Fall. Welche Marke? Also ich hab den in der Drogerie am Hauptbahnhof gekauft, vor ungefähr drei – nein, vier Jahren. Der hat mich immerhin drei Euro gekostet damals. Hat den wer abgegeben, ein ehrlicher Finder sozusagen?«

»Bis jetzt ist leider nichts reingekommen, aber Fundstücke geben unsere Fahrer erst bei Dienstschluss ab.«

»Nein? Ach so. Schade. Dann rufe ich morgen wieder an.«

Die Fahrgäste können sich sicher sein, dass jedes abgegebene Fundstück penibel von uns bearbeitet wird. Uns ist es ganz egal, welchen monetären Wert das verlorene Ding hat, alle Stücke werden gleich gut behandelt. Wer noch nie einen Blick in das Fundbüro der BVG geworfen hat, sollte das unbedingt bald nachholen.

Häufig werden Schultaschen, Sportbeutel, Kuscheltiere oder Monatskarten liegen gelassen. Solche Dinge werden oft schnell vermisst, über Telefon und Funk geregelt und an den Endhaltestellen von aufgeregten Eltern und Schulkindern freudestrahlend gegen herzliche Dankeschöns, selbst gemalte Bilder und manchmal auch ein paar Pralinen getauscht.

Meine Gedanken wandern hin und her. Den Luxus einer Denkpause finde ich selbst auf dem stillen Örtchen nicht, denn, was viele gar nicht wissen: Auch Busfahrerinnen und Busfahrer müssen mal, und zwar täglich!

Schon in der Verkehrsakademie war das ein wiederkehrendes Thema: Was machen wir, wenn nichts mehr geht, der Bus aber noch längst nicht an der Endhaltestelle steht? In den Pausen erörtern wir immer neue Möglichkeiten.

»Ich trinke einfach nichts«, entscheidet sich Sonja.

Maria, Bibi und Tanja nicken: »Genau! Je weniger wir trinken, umso besser.«

Roswitha gefällt diese Idee gar nicht: »Nicht für mich. Ich will doch nicht hinterm Steuer verdursten.«

»Aber das ist ja nicht der einzige Grund, auf Toilette zu gehen«, meldet sich Katja und guckt fragend in die Runde.

Insgesamt stehen wir plötzlich vor unerwarteten Hürden, die kein Ausbilder überbrücken kann. Ehrlich gesagt kommt auch keine von uns auf die Idee, einen der Ausbilder überhaupt zu fragen. Obwohl alle Welt es wissen sollte, scheint hier die Tatsache, dass

Frauen mehr Gründe haben, mal kurz zu verschwinden, nicht zu existieren.

Der Gang zur Toilette ist kein Unterrichtsthema. Lediglich Anita, unsere Fahrlehrerin, versicherte Conny, Roswitha und mir zu Beginn unserer Unterrichtsstunden: »Keine Sorge, ich bringe euch ausschließlich auf die guten Klos. Da braucht ihr euch wirklich keine Gedanken zu machen. Ich habe das hier oben fest abgespeichert, unsere Routen führen immer zu den schönen Anlagen! Versprochen.« Wir hatten zugehört und uns gewundert, was daran so wichtig war, dass Anita diese ungewöhnliche Ansprache hielt. Aber wir kamen nicht auf die Idee, näher nachzufragen, die Bedeutung ihrer Worte blieb uns verborgen. Es war einfach zu selbstverständlich.

»Ich habe mir überlegt, es gibt doch so Windeln für Erwachsene. Bis ich mich richtig eingearbeitet habe, werde ich die wohl tragen. Doof nur, dass die so teuer sind.«

Wir hören Erika schweigend zu. In jedem Gesicht sind die gleichen Gedanken abzulesen: »Windeln???«

»Ich habe das auch schon überlegt, wenn die nur nicht so schweineteuer wären. Aber geht ja nicht anders. Ich kann ja schlecht anhalten und sagen: ›Zwei Minuten Pipipause, Leute‹, oder?«

»Nee, das geht zu weit! Ich zieh mir doch keine Windeln an«, ballert Sonja los. Ich schüttele bekräftigend den Kopf und stimme ihr zu: »Nee, im Leben nicht.«

»Ob man die Kosten für solche Windeln bei der Steuer einreichen kann?«, denkt Erika schon weiter.

Die meisten Frauen aber reden gar nicht, dieses Thema ist auch hier und jetzt ein Tabu. Der Gang zur Toilette braucht auch wirklich nicht lang und breit besprochen zu werden, solange alles gut geregelt ist. Aber da, wo es nicht möglich ist, diesen körperlichen Grundbedürfnissen zeitnah Erleichterung zu verschaffen, sollten Diskussionen umso lauter sein.

Nicht zu vergessen menstruieren auch die Frauen regelmäßig, die in sogenannten Männerberufen arbeiten. Die Menstruation gehört ganz und gar natürlich zum alltäglichen Leben der meisten Frauen dazu. Nichts daran ist eklig, ungehörig, peinlich oder unaussprechlich. Würden öffentliche Toiletten von Frauen konzipiert und entworfen, wäre vieles grundsätzlich gewonnen.

In der Ausbildung werden wir also nicht auf dieses Thema vorbereitet. In meinem langen Leben habe ich schon Busfahrer erlebt, die unterwegs an einem Zeitungsladen anhielten, schnell wie der Wind im Kiosk verschwanden und wenig später deutlich gelassener ihre Fahrgäste in Kenntnis setzten: »Gerade noch geschafft. Jetzt geht's weiter. War höchste Eisenbahn.« Andere stellen sich kurz an einen Baum – und ich versuche vergeblich, mir vorzustellen, eine Frau hockte sich so selbstverständlich hinter eine Buche.

Jeder Mensch muss müssen können – und zwar unabhängig von Geschlecht, Alter und Beruf.

Es gibt an allen Endhaltestellen Möglichkeiten, aufs Klo zu gehen. Im feinen Zehlendorf ist die nächstgelegene Toilette zum Beispiel in der Tankstelle hinten an der Ecke, nur ungefähr hundert Meter entfernt über die große Ampel. Wenn man schnell rennt, schafft man es trotzdem nicht, pünktlich zur Weiterfahrt wieder im Bus zu sitzen.

Im noblen Grunewald habe ich die Wahl zwischen einem Dixi-Klo, das ich mir mit den Bauarbeitern teile, oder einem Gang in die gediegene Bäckerei mit Café. Wenn das Café geöffnet hat, gehe ich dort hinein, an allen Tischen vorbei, denn die Räumlichkeiten befinden sich im hinteren Teil. Ich frage die Bedienung: »Guten Morgen, dürfte ich mal schnell ...?« Sie sagen immer: »Ja.«

Es ist mir überraschend unangenehm, aller Öffentlichkeit zu zeigen: »Seht her, ich bin Busfahrerin und muss dringend mal.«

»To much information« bieten aus meiner Sicht auch die kombinierten Warte-und-Toiletten-Häuschen. So niedlich sie aussehen, so indiskret sind sie. Die Leute lächeln mich zwar freundlich an, wenn ich mit nassen Händen an ihnen vorbeilaufe, aber ich frage mich: warum? Haben sie jeden Pups und das Rattern der Toilettenpapierrolle gehört? Duzen wir uns jetzt?

Oder bin ich zu etepetete?

Dank Anita haben wir während unserer Fahrschultage und -nächte prächtige Anlagen besucht. Helle, saubere, neue, klimatisierte Räume mit fließend warmem und kaltem Wasser, gut beleuchtet, gekachelt, komplett ausgestattet und insgesamt überaus angenehm. Nur liegt dieser Luxus leider nicht auf meinen Routen.

In »meinen« Häuschen fühlen sich vor allem die Spinnen wohl. Immer wieder stehe ich staunend vor den Bauwerken und frage mich, warum sich nicht längst Museen und Altertumsforscher dafür interessieren. Die tollste Toilette von allen ist ein Kasten aus Holz, der quasi fast den ganzen kleinen Raum ausfüllt. Darauf befestigt liegt ein Toilettensitz. Da rutscht und wackelt nichts. Nach der Sitzung geht's zum Sport: Zum Spülen muss man nämlich tüchtig pumpen. Ein antiker Schlegel im Kasten wird so lange hin und her bewegt, bis das Wasser läuft.

Es ist faszinierend. Solche Anlagen kannte ich bisher nicht und fühle mich privilegiert, nicht nur Einblicke in die Geschichte der öffentlichen Toiletten zu bekommen, sondern diese wertvollen Exemplare sogar benutzen zu dürfen. Auf dem Weg zum Bus mache ich mir nach jedem Besuch eine Notiz: »Einmalhandschuhe und Desinfektionsspray besorgen« – und vergesse sie dann leider wieder.

Einige dieser WCs haben sogar warmes Wasser. Aber Seife ist eher ein Überraschungsfund. Es ist schon ein kleines Glück, fließendes Wasser zu haben. Ja, ich habe Örtchen benutzt, die über dem Waschbecken einen kleinen Kanister aus Plastik hängen haben, aus dem das Wasser tröpfelt. Ist der Behälter leer, kommt kein Wasser.

Das kann ich der Zentrale melden und mache es auch. Aber eine neue Füllung Waschwasser muss wohl von sehr weit her geholt werden. Zwei Wochen später ist der Kanister immer noch leer, und zum Händewaschen benutze ich mein wertvolles Mineralwasser.

Fahre ich den M85 zum Hauptbahnhof, seufze ich jedes Mal, denn hier wird der Toilettengang zum öffentlichen Auftritt. Mein Bus steht an der Endstation auf der einen Seite des Platzes, die Fahrgäste warten ungeduldig an der anderen Seite, und die begehrten Häuschen befinden sich genau in der Mitte. Ich werde also penibel beobachtet und sehnlichst herbeigewünscht.

»Wo rennen Sie denn hin? Hier sind wir!«, rufen mir einige ahnungslose Fahrgäste zu und lenken damit vollends die Aufmerksamkeit auf mich.

Ich hebe kurz winkend den Arm, um sie zu beruhigen, und springe im letzten Moment über die vielen Pfützen auf dem Platz. Wenn ich dann deutlich langsamer zurück zum Bus schlendere, hoffe ich sehr, dass alle ein bisschen Respekt wahren und mich nicht darauf ansprechen, was sie zu sehen glaubten.

»Na, das war knapp, was! Sah richtig elegant aus, wie Sie zur Toilette rannten.«

»Ihre Haare wehten so schön. Haben Sie es denn noch rechtzeitig geschafft?«

»Händewaschen nicht vergessen, junge Frau.«

»Geht's jetzt endlich los? Ich warte hier schon eine Ewigkeit. Können Sie Ihre privaten Dinge nicht in der Pause erledigen?«

Bei aller Kritik kann man doch verstehen, dass der angenehme Gang zur Toilette in der BVG-Familie kein großes Thema ist. Die Zuverlässigkeit, mit der Männer mal schnell klaglos in die Botanik verschwinden, hat wenig Anlass zur Veränderung geboten. Dass jetzt auch Frauen dazugehören, wirft zwar neue, lästige Fragen auf, aber die Berliner Tradition verlangt, die Füße still zu halten und erst mal ein paar Jährchen abzuwarten. Könnte ja sein, dass sich dit allet von janz alleene in Wohlgefallen auflöst. Bevor nun also die Verwaltung mit bestimmt riesigem Aufwand fließendes Wasser irgendwo einbaut, wackelige Provisorien durch feste Häuschen aus Stein ersetzt und gar Blumenkästen vor die Fensterchen stellt, wundert man sich lieber über diese neumodischen Ansprüche der Busfahrerin. Dabei übersehen sie, dass der Hygienestandard auf Toiletten gar keine Unterschiede zwischen den Menschen macht und allen hilft.

Die Frage einiger Kollegen: »Ist das nicht gut genug für dich?« bekommt eine weitere Bedeutung. Mein klares: »Nein, ich brauche mehr«, fließt unbeachtet die Spree hinunter.

Manche Pausen zwischen zwei Linien sind länger als ein paar Minuten. Für diese Ruhe- und Wartezeiten gibt es über die Stadt verstreut interne Rückzugsmöglichkeiten. Besonders bei Regen, Schnee oder Sturm verbringen wir unsere Zeit lieber in einem Gebäude. In meinem weitläufigen Arbeitsbereich sind diese Pausenräume unterirdisch, in doppeltem Sinne.

Manche sind so gut versteckt, dass ich mir einen kleinen Lageplan male, um nicht jedes Mal wieder um die falsche Ecke zu biegen. Anfangs wundern mich diese geheimen Orte. Was ist der Grund für die Diskretion?

Aber dann schließe ich zum ersten Mal solch einen Raum auf und bleibe zögernd in der Tür stehen.

»Rein oder raus, aber dalli. Mach die Tür zu, es zieht«, schallt es mir sofort entgegen.

»Hallo, ist das hier der Pausenraum der BVG?«, frage ich voller Hoffnung, mich einfach nur in der Tür geirrt zu haben und durch einen unerklärlichen Zufall vielleicht einen Zugang zu anderen Welten gefunden zu haben. »Das Kempinski ist es jedenfalls nicht, Kollegin«, witzelt eine Stimme aus den Tiefen der fremden Realität.

Vorsichtig betrete ich den fensterlosen Raum, nicke in alle Richtungen den unbekannten Busfahrern zu. Die Einrichtung ist ein Paradebeispiel für den Minimalismus. Ein paar Tische und Stühle stehen herum. An der Wand hängt statt Tapete oder schöner Farbe ein vergilbtes Dienstverzeichnis der BVG. Der Zustand der Möbel ist schwer zu ertragen. Selbst in Neukölln würde man sich schämen, diese Tische und Stühle an den Straßenrand zu werfen. Ich wische einen freien Stuhl vorsichtig mit einem sauberen Taschentuch ab und setze mich mit weichen Knien. Mir stehen die Tränen in den Augen.

»Sieht das hier immer so aus, ist das wirklich unser Ruheraum?«, frage ich in die Runde.

»Mädel, was hast du denn erwartet? Sollense dir einen Palast bauen?« Die Männer lachen.

»Aber das ist eine Rumpelkammer, das ist doch alles Müll hier. Und die Wände – seht euch doch nur mal die Wände an.«

»Stimmt schon, bisschen schäbig ist es. Wenn es dir nicht passt, kannste ja ooch woanders Pause machen. Zwingen tut dich keener, hier zu sein.«

»Hm, schon klar. Aber das bedeutet doch was, dass wir so einen fiesen Raum haben.«

Sie rutschen unruhig auf ihren Stühlen hin und her.

»Gleich sagt ihr mir, das ist seit dreißig Jahren so und das bleibt, wie es ist. Oder!?«, versuche ich einen schlechten Scherz.

»Am besten gewöhnste dir ganz schnell an allet, sonst wirste hier nicht alt.« Sie stehen auf und gehen ohne Gruß.

Ich kann auf keinen Fall allein in diesem unterirdischen Ort bleiben und suche die Toiletten, um mir kaltes klares Wasser über die Hände laufen zu lassen. Auch hier ist die Zeit stehen geblieben, nur im welchem Jahr, steht nirgends geschrieben. Immerhin gibt es Wasserhähne, Toilettenspülungen, Licht.

Erstaunlicherweise war es aber gar nicht das schäbigste Zimmer, das ich je sah. In einem anderen Ruheraum, tief unter der Erde, ist die Verwahrlosung noch viel weiter fortgeschritten.

Immer wieder zieht es mich dorthin. Mein Herz braucht die Wiederholung. Es sucht die Vergewisserung, dass dieses Zimmer keine Erfindung düsterer Albträume ist, sondern wirklich existiert. Wie eine Schlafwandlerin besuche ich bei jeder Gelegenheit diesen Nichtort, um dann atemlos vor dem Grusel zu fliehen, an den man sich nicht gewöhnt, der nicht geringer wird. Alle Versuche, den Freundinnen und Holger diese Räumlichkeiten zu schildern, sind zum Scheitern verurteilt.

Eines Tages habe ich Spätschicht und fahre nachts mit der letzten U-Bahn nach Hause. Erschöpft sehne ich mich nur noch nach einem heißen Bad und einer Tasse Tee. Ganz in Gedanken eile ich den menschenleeren U-Bahnhof entlang und bleibe abrupt stehen: Ein riesiger Blumenstrauß liegt auf der hölzernen Sitzbank. Die Blumen leuchten geradezu. Ich umkreise sie erst überrascht, nehme sie dann zögerlich in den Arm. Sie duften so zart. Diese Blumen müssen ein Vermögen gekostet haben. Sie sind zum Anbeißen schön. Ich schaue den Bahnhof rauf und runter auf der Suche nach einer Erklärung. Aber außer mir ist niemand da. Wer weiß, wie lange der Strauß hier schon liegt? Kurz entschlossen nehme ich die Blumen mit nach Hause und überlege auf dem Heimweg durch die stillen Straßen, was die Geschichte dahinter sein mag. Hat jemand vergeblich auf ein Rendezvous gewartet? War es ein verpasstes Blind Date in der U-Bahn?

Die kalte Nachtluft tut gut, ich freue mich über den halben Mond und genieße die Stille. Alle Fenster sind dunkel, meine kleine Straße schläft tief und fest. Schritt für Schritt fällt der Stress der Busfahrerin von mir ab. Und dann lasse ich mich von all dem verführen und denke mir einfach den schönsten Grund aus.

Womöglich hat jemand einem liebsten Menschen einen Antrag gemacht zwischen zwei Zügen. Vielleicht haben sie sich vor vielen Jahren genau hier kennengelernt. Und die Antwort auf die Frage aller Fragen war eventuell ein berlinerisches: »Was ist denn dette für 'ne varückte Idee? Na klar, ick liebe dir, dit weeßte doch selber. Jetzt leg mal das Grünzeug weg, ich will dir in die Augen sehen. Lass mir mal überlegen ... Also gut, o.k., Momentchen noch, nicht so eilig, ich flüstere es dir ins Ohr ... Ja, ich will!«

14. Haltestelle – Endstation

Das Fazit

Noch immer denke ich staunend an den außergewöhnlichen Aufruf der BVG. Nie zuvor hatte ich, hatten wir von einer solch spezifischen Suche gelesen. Die sogenannten älteren Frauen sind normalerweise für die Arbeitswelt unsichtbar, es gibt sie einfach nicht. Die Geschäftsleitung der Berliner Verkehrsbetriebe hat zu unser aller Verblüffung Siebenmeilenstiefel angezogen und einen riesigen Schritt in eine ungewohnte Richtung gewagt. Die Freude über diesen mit Anmut und ehrlichem Interesse formulierten Aufruf währt nach wie vor. Der heimliche Wunsch auf vielfache Nachahmung hat sich allerdings bis heute nicht erfüllt.

Alter ist in unserer Gesellschaft ein zweischneidiges Schwert. Die sogenannten besten Jahre sind auf dem Arbeitsmarkt erstaunlich kurz. Die Arbeitgeber suchen Menschen mit Erfahrung, Wissen und Können. Je jünger, umso lieber. Also bitte unter dreißig, mit abgeschlossener Familienplanung, mehreren Jahren Berufserfahrung, möglichst mit langen Aufenthalten in anderen Ländern und weiteren Qualifikationen. Der Lebenslauf soll ausgezeichnete Zeugnisse und Stationen vorweisen, und natürlich muss das lange Ausbildungs- und Berufsleben in den Jahren vor dem gruseligen Geburtstag nachweislich überaus erfolgreich und zielstrebig gewesen sein. Die Verpflichtung zum lückenlosen Lebenslauf entbehrt einer gewissen Komik nicht.

Arbeitssuchende über vierzig werden automatisch misstrauisch beäugt – irgendwas kann nicht stimmen mit Menschen, denen die Lebenserfahrung längst Falten ins Gesicht gemalt hat.

Das Alter wird zudem in geschlechtliche Zusammenhänge gesetzt. Ein älterer Mann ist für Arbeitgeber meist attraktiver als eine ältere Frau, mag sie auch noch so viel mehr Wissen und Eignung für die offene Stelle mitbringen.

Gleichberechtigung ist ein schönes Wort mit vielen Leerstellen.

Natürlich steht hinter der Suche nach Frauen letztendlich nur die gesetzliche Vorgabe, die lächerlich niedrige Frauenquote in der BVG auf ein erträgliches Minimum zu steigern. Trotzdem bedeutete ihre unmissverständlich formulierte Suche nach Frauen mit Erfahrung so viel mehr. Es macht ältere Frauen sichtbar.

Plötzlich öffnete sich eine Tür in einen von Männern beherrschten öffentlichen Bereich, der die ganze Stadt betrifft, ja, ihr in gewisser Weise ein Gesicht gibt. Es war nur eine kleine Tür, aber unser Jubel war umso größer, als wir davon hörten und ich mich mutig bewarb. Wir diskutierten nächtelang über die Diskriminierung von Frauen und älteren Menschen, die besonders in der Arbeitswelt wie selbstverständlich immer weitergeführt wird. Die Hoffnung, dass sich jetzt wirklich was ändert, war trotz aller Erfahrungen riesig.

Wie sehr diese kleine Tür klemmt, dass niemand sie ölt, abhobelt, neu einhängt und weit öffnet, wussten wir da noch nicht.

Die Geschäftsleitung der BVG hatte unseren Weg vor Ort nur minimal geebnet. Ich hatte nicht das Gefühl, dass mit den Busfahrern oder mit den Ausbildern viel darüber gesprochen wurde, dass ihre Ängste ernst genommen wurden. Viele Busfahrer fühlten sich allein von dem geplanten Anstieg an Kolleginnen bedroht. Bisher hatten doch auch keine Frauen gefehlt, was sollte also dieser plötzliche Umschwung? Der fundamentale Glaube, dass Frauen für etliche Berufe einfach naturgegeben nicht geeignet sind, hat in der BVG überzeugte Anhänger.

Eine zögerliche Auseinandersetzung mit der ungewohnten Situation begann erst, als wir Frauen nicht nur vorbeigeschlendert kamen, sondern tatsächlich blieben und was lernen wollten.

»Mädels, wir machen Männer aus euch!«, war sowohl enthusiastisches Versprechen als auch Kampfansage. Denn dass wir zwar Busfahrerinnen werden wollten, dafür aber unser Geschlecht weder verstecken noch verleugnen, stand nicht zur Debatte. Die Stereotypen, in die wir gepresst werden sollten, um die vorherrschende Männlichkeit nicht zu bedrohen, sind längst verbeult, verrostet, ausgeleiert. Ganz oben auf dem Ausbildungsplan stand in unsichtbarer Tinte die artige Anpassung an maskuline Gegebenheiten. Brav und dankbar sollten wir uns zeigen, mit groß geschminkten Augen sollten wir hinaufblicken und bewundern.

Trotz dieses Festklammerns an längst überwunden geglaubten Sexismus habe ich jeden Tag genossen – oft sogar deswegen. Das Eintauchen in den künftigen Beruf war immer spannend und erfüllend. Etwas ganz Neues zu lernen und in das eigene Leben zu integrieren, verliert nie an Reiz. Der Wunsch, den eigenen Horizont aktiv zu erweitern, ist ungebrochen und bekam in der Verkehrsakademie richtig viel Futter. Lange hatte ich nicht so viel nachzudenken, zu hinterfragen, zu wundern und zu staunen wie hier.

Und nicht zuletzt versprach dieser neue Beruf eine grundlegende finanzielle Sicherheit.

Die Arbeit als Busfahrerin ist so sinnvoll und voller großstädtischer Liebe, ich hatte dementsprechend einiges politisches Bewusstsein erwartet, mich auf Diskussionen über die gesellschaftlichen Zusammenhänge und die verkehrspolitischen Dimensionen einer Großstadt gefreut.

Wie naiv ich diesbezüglich war, sollte mir nur allzu schnell deutlich gemacht werden.

Normalerweise können Berufsanfänger auf die Solidarität der Kollegen bauen. Ihnen werden sogenannte Anfängerfehler nicht vorgehalten, allgemein ist das Bemühen, jemand Neues gut einzuarbeiten, hoch und aufrichtig.

Statt einer verständlichen Neugier auf mich, die mit fünfundfünfzig noch mal neu anfängt und den Personalschlüssel für den ganzen Betriebshof etwas entspannt, begrüßten mich Ungeduld und Misstrauen. Die zugeteilte Personalnummer nahm mir in verschiedenen Bereichen nicht nur den Namen, sondern auch das Gesicht. »Füge dich, dann fügt sich alles«, bekam ich oft zu hören, immer in Situationen der absoluten Überforderung und stets mit dem unausgesprochenen »sonst bleibst du hier nicht lange«.

Mein Dienstplan kannte keine allmähliche Eingewöhnung – ich wurde vom ersten Tag an mit aller Härte konfrontiert, die der Beruf einer Busfahrerin in Berlin mit sich bringen kann. Die vielen Versuche, durch das Erklären des Offensichtlichen eine Veränderung zu mehr Verständnis zu erreichen, wurden barsch abschlägig beantwortet.

Die Argumente meiner Vorgesetzten zielten darauf, mich in ihre alte Form zu pressen, als gäbe es nur diese eine für alle. Ob sie es wirklich nicht besser wussten, vermag ich nicht zu beurteilen. Ihre knallharte Forderung, dass ich ganz genauso viel leisten müsse, wie sie selbst vor dreißig Jahren leisten mussten, erschien mir unsinnig. Es schien einen internen Wettbewerb zu geben, wie lange ich die extreme Situation durchhalten würde. Mehrmals wurde ich auf dem Betriebshof und in den Pausen angesprochen, je nachdem, ob es ein Kollege gut mit mir meinte oder eben nicht, klangen die Sätze unterschiedlich trotz des gleichen Inhalts. Die freundlichen Kollegen rieten mir hinter vorgehaltener Hand, zu gehorchen, ruhig zu sein, zu allem Ja zu sagen und meinen Dienst zu machen, ohne über die langen Arbeitszeiten und die ständigen Linienwechsel zu diskutieren.

Nichts anderes lag mir im Sinn. Das Busfahren macht so viel Spaß – ich liebe jeden Schalter, jede Bewegung, alle Begegnungen! Aber ich trug auch viel Verantwortung und wollte um keinen Preis der Welt einen Unfall herbeiführen, womöglich mit verletzten Personen, nur weil ich überfordert war. Woher sollten meine Vorgesetzten wissen, dass sie zu viel von mir verlangten, wenn ich es ihnen nicht berichtete?

Meine Verwunderung darüber richtete sich vor allem an die Geschäftsleitung, denn sie schien davon auszugehen, dass es keinen Unterschied macht, ob man zwanzig Jahre alt ist und im überschaubaren Berlin-West mit dem Busfahren beginnt oder ob man fünfunddreißig Jahre älter ist und in der wiedervereinigten Stadt mit einem rasant wachsenden Verkehr umgehen muss.

Die überzogenen Ansprüche machten mich krank. Von den täglich wechselnden Arbeitszeiten, den langen Fahrten, den anstrengenden Linien, aber auch von der zuverlässigen Unfreundlichkeit meiner Chefs bekam ich Schlafstörungen. Der Stress, täglich viele Routen zu bedienen, ohne ihre Linienführung auswendig zu beherrschen, machte mich fix und fertig. Der harte Rat meines Chefs und vieler Kollegen, die ganzen Linien in meiner Freizeit so lange abzufahren, bis ich sie im Schlaf fahren könne, trieb mir die Tränen in die Augen.

Tatsächlich trifft man immer wieder auf Busfahrer, die nach ihrer regulären Arbeit mit Stift und Zettel hinten im Bus sitzen, weil sie kurzfristig auf einer ihnen unbekannte Linie eingesetzt werden. Ich habe mit vielen geredet, unter vier Augen. Und selbst die Jüngsten kritisierten diese Vorgehensweise.

Die Hilfe, die ich suchte, musste sich irgendwo sehr gut versteckt haben. Die Vorgesetzten machten mich unterdessen erneut darauf aufmerksam, dass ich, nur weil ich eine Frau sei, keine Extrastulle von ihnen zu erwarten hätte. Im Gegenteil.

Eines Tages war es so weit: Ich konnte nicht mehr, wusste weder, wo oben und unten war, noch die Linienführung des Busses, in den ich nach einem anstrengenden Vormittag wechseln musste. Geradeaus? Links? Rechts? Stadteinwärts? Raus ins Grüne?

Zitternd vor Stress meldete ich der Zentrale, dass ich nicht mehr weiterfahren könne und an Ort und Stelle abgelöst werden müsse. Es geschah ausgerechnet an einer Mehrfachhaltestelle. Ständig klopften Fahrgäste an mein Fenster und wollten wissen, was denn los sei.

»Der Bus ist kaputt«, antwortete ich leise. Das akzeptieren immer alle.

Stunden später wurde ich krankgeschrieben. »Absolute Überarbeitung«, diagnostizierte die Medizin. Gleich am ersten Krankentag brachte der Postbote eine Einladung zum Amtsarzt.

»Das ist alles ganz normal und auf keinen Fall Sexismus oder so«, erklärte mir die genervte Frauenbeauftragte am Telefon. Ich hatte sie während der letzten Wochen mehrmals vergeblich um ein Gespräch gebeten. Nun rief sie mich zu Hause an: »Jetzt hast du ja Zeit. Fahr deine Linien halt so oft mit, bis du sie auswendig kannst.«

»Aber ich bin krank...«

»Ja, eben! Nutze deine freien Tage. Setz dich in die Busse und lerne.«

Ich versuchte, wieder auf die Beine zu kommen. Schließlich wollte ich nichts lieber, als meinen Beruf auszuüben, als die Berliner durch die Stadt zu befördern und die Touristen immer neu zu begrüßen.

So schnell wollte und konnte ich nicht aufgeben, doch ich kämpfte gegen Windmühlen.

Nachdem der Amtsarzt für die BVG feststellte, dass die krank machende Überforderung, dass alle Symptome unmittelbar mit meiner Arbeitssituation zusammenhingen, wurde mir die Kündigung überbracht. Es klingelte an der Tür, ich kroch aus dem Bett und stand zwei verlegen grinsenden Kollegen der BVG gegenüber, die mir den schweren Umschlag überreichten. Während ich den Erhalt quittieren musste, suchten sie nach tröstenden Worten. Dafür bin ich den beiden heute noch dankbar. Wir reichten uns sogar die Hände zum traurigen Abschied.

So bin ich also an den Zuständen gescheitert. Meine Arbeitsleistung zerschellte an den starren Idealen der Gegebenheiten. Die Angst der Belegschaft der Verkehrsbetriebe vor Veränderung wog schwerer als meine tiefe Bereitschaft und Lust, meinen Beitrag zu leisten.

Dieses Scheitern hallte lange nach und schlug hohe Wellen in mir und meiner Umgebung.

Nichtsdestotrotz ist meine Begeisterung für den öffentlichen Personennahverkehr ungebrochen. Es ist großartig, mit dem Bus durch die ganze Stadt fahren zu können! Die Logistik dahinter ist eine Spitzenleistung. Unterwegs zu sein, sich die Fahrtwege mit den vielen Unbekannten zu teilen, das Vertrauen in eine fremde Fahrerin, einen fremden Fahrer zu legen und sich auf allen Wegen schaukeln zu lassen, in Kurven zu wiegen und in großartigen Gesprächen zwischen zwei Haltestellen zu verlieren, ist eigentlich unbezahlbar.

Dieser Schatz gehört uns allen, wir tragen die bequeme Verantwortung gemeinsam, wir teilen den Genuss und die Schlaglöcher. Das Aufatmen, wenn endlich der richtige Bus angefahren kommt, schnaufend hält, uns quietschend einlädt zur Mitfahrt, nutzt sich nie ab. Die Aufregung, wenn der heilige Satz »Machen Sie mal zügig die Mitteltüren frei« durch die Lautsprecher dröhnt und man plötzlich von allen leise tadelnd angesehen wird, hält uns frisch. Unterwegs trägt uns die augenzwinkernde Erkenntnis, dass es zwar verkehrte Linien, aber nie den falschen Bus gibt.

Und während die U-Bahn ein zuverlässiges Mittel zum schnellen Ankommen ist, die S-Bahn weite Entfernungen innerhalb der Großstadt praktisch verbindet, bietet der Omnibus in Berlin so viel mehr. Die ganze Stimmung unserer Stadt sitzt im Bus. Großzügig wird hier Frust mit Lust vermischt, Frechheit mit großer Schnauze zu klugen Sätzen verquirlt, zu viel Egoismus fällt schon mal vom Sitz, Dummheit wird in Berliner Manier auf den Arm genommen. Eine ganze bunte Gesellschaft rückt sich hier zurecht und braucht dafür nicht viel.

Im Bus können wir jederzeit zwischen allen Haltestellen ein echtes Abenteuer erfahren.

Anhang

Berlin hat ein nahezu perfekt ausgebautes Busnetz. Keine andere Stadt in Deutschland bietet so viele Buslinien und so eng getaktete Fahrtzeiten. Die BVG informiert im Internet und auf Faltblättern über dieses großartige Verkehrswesen.

ES GIBT IN BERLIN
159 Buslinien und 63 Nachtlinien
6511 Richtungshaltestellen
1492 Fahrzeuge

DAVON SIND
351 Doppeldecker
429 Eindecker
672 Gelenkbusse
31 Elektrobusse
9 Sonderwagen

ES GIBT JÄHRLICH
466 Millionen Fahrgastfahrten mit Bussen (inklusive Fähren)

Das und mehr erfahren wir aus dem jährlichen Zahlenspiegel der BVG. Die hier erwähnten sind die Zahlen von 2020, die auch auf der Webseite der BVG abgerufen werden können.

Doch was man alles erleben kann im öffentlichen Personennahverkehr, passt auf kein Faltblatt. Deswegen möchte ich hier noch eine Besonderheit vorstellen: die Haltestellenhäuschen.

Es ist großartig, beim Warten auf den Bus nicht im Regen stehen zu müssen. Auf den so selbstverständlichen, freundlichen Schutz kann man in ungefähr 4500 Wartehäuschen zählen, die überall in der Stadt verteilt sind. Es gibt sie in vielfältiger Bauweise. In Berlin jedoch sind sie in den letzten Jahren immer mehr vereinheitlicht worden. Ein durchschnittlicher Haltestellenbau hat zwei schmale Seitenwände und einen breiten Rücken aus dickem Glas. Ein flaches Dach schützt vor Regen, Wind, Schnee und Sonne. Nachts sind diese Warteorte dezent beleuchtet.

Viele sind zu Reklametafeln umgestaltet worden, es gibt sogar Seitenwände, in denen flimmernde, blinkende Werbevideos laufen. Die wenigen Minuten stehende oder sitzende Ruhe, während denen man einfach nur auf den nächsten Bus wartet und die Gedanken wunderbar ins Nichts schweifen lassen kann, werden immer seltener und damit kostbarer.

In den Haltestellenhäuschen steht fast immer eine Bank als Sitzgelegenheit. Auch hieran kann das Alter der Haltestelle gemessen werden. Je neuer das Gebäude ist, umso kürzer sind die Bänke, die Sitze haben keine Rückenlehne mehr. Statt Holz bevorzugen die Architekten und Gestalter kaltes Metall oder robustes Hartplastik.

Ob das reine Sitzen an Wert verliert? Morgens tauschen hier die Schulkinder ihre Hausaufgaben und Pausenstullen, sie erzählen sich vor dem anstrengenden Tag das Schöne und das Schlechte.

Tagsüber pausieren die Senioren und Rentnerinnen ein paar Minuten, stellen die schweren Einkaufstaschen ab, vergewissern sich mit klaren Worten der Gleichheit der Ansichten und Träume. Sie erzählen den Anwesenden vom Urlaub, von den Enkelkindern. Sie schimpfen über Politik, teure Schrippen, das Wetter. Junge Eltern mit vollen Kinderwagen suchen im Schutz der Haltestelle nach Fläschchen, Schnullern, Kuscheltieren.

Abends ist die Haltestelle Treffpunkt der Jugend. Die Teenager versammeln sich rund um die Haltestelle und probieren Berührungen, Küsse, Sätze. Sie tauschen Musik und Spiele, tanzen oder kämpfen im Schutz der offenen Mauern, beweisen die wachsende Kraft, üben Selbstverteidigung, körperliche Geschicklichkeit, Überlegenheit, Wut, Zärtlichkeit. Besiegeln Freundschaften, entwickeln Zukunft.

Nachts sind Haltestellenhäuschen für manche der letzte Platz, den sie erreichen. Obdachlose Menschen suchen hier ein paar Stunden Schlaf, eine kurze Erholung. Diese Schlafzimmer der Armut bieten einen unmittelbaren Blick in das, was fehlt.

Die Kommerzialisierung der halben Häuschen im öffentlichen Raum kommt dem sozialen Miteinander nicht entgegen.

Seit 2020 werden Wartehäuschendächer mit der Unterstützung des Senats begrünt. Durch eine wohldurchdachte Bepflanzung sollen Bienenwiesen entstehen, die grünen Inseln mitten im Verkehrschaos werden Insekten und Vögeln winzige, neue Pausenräume bieten und den Menschen, die oben im Doppeldecker aus dem Fenster schauen, Erstaunen schenken. Die Krönung eines Wartehäuschens mit Pflanzen und Blumen wird vielleicht auch das Klima unter dem Dach positiv beeinflussen.

Haltestellen werden zwar von der BVG ausgewählt und angefahren, aber ihre Gestaltung und Einrichtung betreiben andere. In Berlin ist das meist die Firma Hans Wall AG, aber es gibt auch weitere Betreiberfirmen.

So steht auf der Rückseite der Haltestelle Schillstraße, die von der Buslinie 100 angefahren wird:

LIEBE FAHRGÄSTE DER BVG!
WARUM IST DIESE HALTESTELLE AUCH EIN MAHNORT?
HIER DIE ANTWORT:

»IN DER ERINNERUNG LIEGT DAS GEHEIMNIS
DER ERLÖSUNG.«

Baal Schem-Tov
Jüdischer Geistlicher des 18. Jahrhunderts

Die Wände der Haltestelle informieren über das Grauen des Holocaust, das nie vergessen werden darf, in deutscher und englischer Sprache.

Gleich bei der Haltestelle, in der Kurfürstenstraße 115/116, baute 1908–1910 der jüdische »Brüderverein zur gegenseitigen Unterstützung« ein Wohn- und Vereinshaus. 1939 zog die Gestapo in das Gebäude. Adolf Eichmann organisierte in seinem Büro in diesem Haus maßgeblich die Deportationen und Ermordungen der europäischen Juden.

1964 wurde das Gebäude abgerissen.

An der Haltestelle Varian-Fry-Straße/Potsdamer Platz, die von den Buslinien M85, 200, 300, M48 und N2 angefahren wird, erzählt eine in die gläserne Rückwand geätzte Tafel von dem amerikanischen Journalisten Varian Fry (1907–1967). Er war 1935 für kurze Zeit als Reporter in Berlin, berichtete und agierte ab 1940 als Widerstandskämpfer aus Frankreich. Dort verhalf er über 1500 Menschen zur Flucht aus Südfrankreich, darunter auch Hannah Arendt, Marc Chagall, Lion Feuchtwanger und Max Ernst. 1941 wurde Varian Fry aus Frankreich ausgewiesen. 1996 wurde ihm die höchste Ehrung Israels zuteil. Ein Olivenbaum wurde für ihn gepflanzt in Yad Vashem.

Es gibt viele Haltestellennamen, die an besondere Menschen

und Ereignisse erinnern. Die Haltestelle Agathe-Lasch-Platz am Kurfürstendamm, die von den Buslinien M19, M29, X10 und N10 angefahren wird, erinnert an Agathe Lasch (1879–1942), die erste Germanistikprofessorin Deutschlands. Sie wurde 1942 deportiert und in Riga ermordet.

So ist jede Busfahrt durch Berlin immer auch eine Reise durch die Geschichte.

Anlässlich dieses Buches machte ich eine kleine, ganz und gar nicht repräsentative Umfrage im Freundeskreis. Meine Frage blieb immer gleich:

»Hast du mal was Besonderes in einem Haltestellenhäuschen erlebt?«

Die Antworten sind so vielfältig wie das Leben. Manche haben beim Warten auf den Bus die Liebe gefunden, andere wurden Opfer von Taschendieben. Viele erzählen von überraschend tiefen Gesprächen mit Unbekannten. Oft gestaltet sich die Wartezeit allein durch das Aufeinandertreffen der unterschiedlichsten Menschen unterhaltsam. Einige haben zusammen mit sehr prominenten Schauspielern, Musikern, Politikern, Handwerkern gewartet. In Sommernächten wird getanzt und sogar gesungen, man teilt sich ein Bier, Gedichte werden rezitiert, akrobatische Kunststücke vorgeführt.

Die Neugier der Großstadt ist überall zu finden. Die Suche danach beginnt mit dem Warten auf den nächsten Bus.

Drei willensstarke Frauen behaupten sich in den Wirren des 20. Jahrhunderts

Großmutter, Mutter und Tochter. Dazwischen zwei Kontinente, ein Jahrhundert und ein Geheimnis, das eine Familie zerreißt, für deren Frauen die Liebe immer nur Verlust bedeutet hat. In ihrem akribisch recherchierten Roman erzählt Beatrix Kramlovsky bildgewaltig von der Auswanderungswelle nach dem Zweiten Weltkrieg.

256 Seiten. Taschenbuch

hanserblau
hanser-literaturverlage.de